ANNAPŪRNĀ
Duo pour un 8 000

CATHERINE DESTIVELLE
ERIK DECAMP

ISBN 2-7003-1059-4

CATHERINE DESTIVELLE / ERIK DECAMP

ANNAPŪRNĀ

Duo pour un 8 000

ARTHAUD

La gigantesque barrière de l'Annapūrnā déploie ses flancs rébarbatifs. On peut distinguer le pilier de 600 mètres que Catherine Destivelle et Érik Decamp ont choisi de gravir.

Un camp de base comprend toujours plusieurs tentes : celle où l'on range et celles où l'on dort. Ainsi, par jours de mauvais temps, on peut passer de l'une à l'autre et tromper la monotonie de l'attente.

Le Machapūchare (6 997 mètres), considéré à juste titre comme le Cervin himalayen, est une montagne sacrée que l'on peut admirer depuis le camp de base de l'Annapūrnā.

ANNAPURNA I
8091 m
7300 m
Camp 2
6100 m
Camp 1
4860 m
Camp de base
avancé

La face sud de l'Annapūrnā (8 091 mètres), et le tracé de la voie Destivelle/Decamp, 1994. Ce sommet, l'un des principaux de l'Himālaya, fut le premier 8 000 conquis par l'homme le 3 juin 1950.

Maurice Herzog et Louis Lachenal empruntèrent le versant nord après de nombreuses reconnaissances dans la région. Leur exploit fit l'objet d'un livre à succès, Annapūrnā, premier 8 000, *paru chez Arthaud en 1951.*

« Le projet de l'Annapūrnā est né simplement. Un jour, dans une boutique de Kātmāndū, je suis tombée sur une photo de la face sud. C'était en janvier 1993. Je ne connaissais pas encore le Népal. J'étais juste venue me promener, découvrir le pays sherpa. Tout de suite j'ai vu ce pilier, à gauche sur la photo. Pour moi, c'était le chemin le plus attirant. Il devait sûrement y avoir une voie ! Renseignements pris, il n'y en avait pas. »
L'histoire a commencé comme ça, sur un bout de papier imprimé et un nom magnifique : Annapūrnā.
Le récit de la fabuleuse aventure des Français qui l'ont gravi la première fois, *Annapūrnā premier 8 000*, est dans notre mémoire à tous, encore plus pour notre génération qui en a entendu parler depuis l'enfance. Inaccessible, ça l'était. Et puis, de sommet en sommet, progressivement, je me suis dit : pourquoi pas moi, pourquoi pas nous ?
A l'époque des pionniers, trouver le chemin le plus facile pour arriver là-haut était un exploit.

La chaîne himalayenne comprend quatorze sommets de 8 000 mètres et plus (ci-contre). Seuls deux alpinistes sont parvenus à tous les gravir : Reinhold Messner en 1986 et Jerzy Kukuczka en 1987. La carte (page ci-contre) présente les deux possibilités d'approche du sommet de l'Annapūrnā : par le nord comme l'expédition française de 1950, ou par le sud comme Catherine Destivelle et Érik Decamp en 1994.

Aujourd'hui, on cherche autre chose, la difficulté, l'engagement. La face sud, près de 2 500 mètres de dénivelée sur plusieurs kilomètres de large, est une immense muraille qui domine le sanctuaire de l'Annapūrnā. Tous ceux pour qui cet endroit a été le but d'un trekking ne peuvent l'oublier. D'accès facile et assez rapide, cette randonnée conduit, en une semaine, dans l'un des plus beaux cirques de haute montagne que l'on puisse rêver d'admirer.

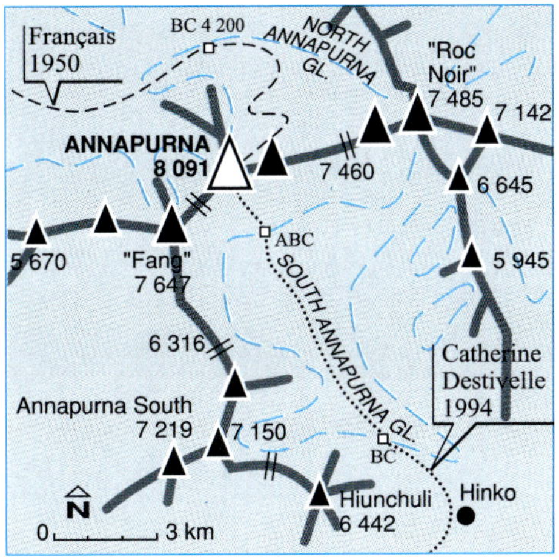

Avec son aspect massif, cette face révèle sa grande majesté. Son caractère dangereux aussi. Ses gigantesques glaciers suspendus, ses barres de séracs, ses avalanches dévastatrices sont une menace constante. D'autres avant nous y ont, malgré tout, ouvert des itinéraires. Les premiers, en 1975, ont été les Anglais, conduits par Chris Bonington, le grand alpiniste. A lui seul, il représente trente ans d'himalayisme. Peut-être a-t-il eu l'intention de gravir ce pilier, mais, arrivé sur le glacier suspendu aux environs de 7 000 mètres, il a choisi d'aller à gauche, franchir une zone de faiblesse de la paroi où les difficultés sont moins grandes. Avant d'arriver là, des problèmes imprévus avaient déjà surpris son équipe sur une arête très cornichée. C'est le terrain le plus aléatoire qui soit. Avec des corniches doubles et des champignons de neige instables, on ne sait plus de quel côté se mettre pour rester en sécurité.

Pour nous, cette partie inférieure de la face, c'est déjà l'inconnu. L'arête empruntée par Bonington est très logique. Mais à deux seulement, ce chemin est pratiquement exclu d'avance, car il faudrait poser des kilomètres de cordes fixes. Heureusement, il existe un autre itinéraire. Il contourne cette arête par la gauche dans des pentes raisonnables, semble-t-il, mais dominées par des séracs qui peuvent changer d'une année à l'autre. Dans une voie d'escalade rocheuse, on appelle « approche » tout le chemin parcouru avant de se trouver sur le rocher. Et, dans la face sud de l'Annapūrnā, l'approche, c'est déjà « un gros morceau ». Quant au pilier lui-même, il commence vers 7 000 mètres et arrive pile sous le sommet. Bastion très raide de 700 mètres de haut, il se détache de la paroi. Pour nous, cette configuration est très importante, car elle nous met à l'abri des avalanches qui sont, en Himālaya, de véritables cataclysmes. Et nous ne sommes que deux pour affronter à la fois la haute montagne et la très grande difficulté de l'escalade. Peu d'alpinistes ont tenté, avant nous, ce style d'ascension. Un tel projet comporte une grande part d'inconnu, mais nous savons que nous avons la maîtrise des risques. A nous de choisir la bonne tactique pour grimper en toute sécurité, éviter les trop longs séjours, préparer la descente et envisager la possibilité de faire demi-tour si la menace du danger devient trop grande. Aucun prétexte, aucune montagne ne peut atténuer l'absurdité de l'accident. Ce que nous voulons avant tout, c'est vivre, vivre notre passion en sécurité.

LA GENÈSE D'UNE EXPÉDITION

Le choix de la voie

Certains choisissent leur camp, d'autres leur voie... L'Annapūrnā, c'était avant tout une photo et un nom. Le reste se construit pas à pas. Trouver les informations, c'est faire jouer la mémoire, le bouche à oreille, l'intuition, le hasard. A Namche Bazar, où nous sommes en 1993 pour grimper des cascades de glace, nous logeons à l'Everest Lodge. Dans la salle à manger, il suffit de se retourner sur son siège et de pointer les jumelles pour voir si la glace prend ! L'endroit est tenu par Pasang Kami, P. K. Il a reçu ici Jimmy Carter. Des photos et des lettres prestigieuses affichées au mur en témoignent. Il a aussi accompagné Chris Bonington en 1975, lorsque celui-ci a ouvert la fameuse voie de la face sud de l'Annapūrnā. Nous feuilletons le livre du lieu et demandons à P. K. des renseignements de vive voix. Nous discutons avec Benoît Chamoux et Jean-Christophe Lafaille. Benoît a répété cette voie récemment. Le pilier, il le connaît. La voie qu'il avait

Vue générale du pilier de 600 mètres (celui de gauche) qu'ont choisi de gravir Catherine Destivelle et Érik Decamp. Cette partie de la voie est vierge, Kris Bonington l'ayant évitée lors de sa première ascension sur ce versant en 1975.

tentée avec Pierre Béghin se situait juste à droite, dans une sorte de dépression. Jean-Christophe est encore sous le coup de sa terrible histoire survenue avec Pierre : il l'a vu tomber, a dû sauver sa peau seul et se sortir de ce piège. Il ne doit la vie qu'à son immense expérience et à sa volonté. Pierre, nous l'avons tous bien connu, respecté et aimé. Il nous manque... Jean-Christophe garde de cette face des souvenirs bouleversants. Sa voix vibre encore d'émotion quand il nous parle du pilier. Très gentiment, il nous fait passer des photos susceptibles de nous intéresser.

Pascal Tournaire était également avec Benoît Chamoux. C'était en 1988 lors de son expédition à l'Annapūrnā. Il nous propose des photos du pilier réalisées au téléobjectif. Sur elles, nous nous arrachons les yeux pour imaginer un accès, notre accès, et quelles difficultés nous y attendent. Nous découvrons qu'il y a, en fait, deux piliers séparés par un couloir. Ce couloir, ce pourrait être un cheminement naturel. Nous l'envisageons un instant, imaginant la présence de goulottes de glace, plus rapides à gravir que le rocher lui-même. Mais, très vite, nous abandonnons l'idée de cet itinéraire, car les coulées de neige et les chutes de pierres inévitables représentent un trop grand danger. Puisque le pilier de droite est un peu moins long que celui de gauche, il y a peut-être moyen de contourner certaines difficultés, mais les photos laissent apparaître des zones d'ombre, sûrement des murs très compacts, trop laborieux à franchir. Entre le pilier de gauche et celui de droite, nous déciderons sur place. La base des piliers se situe vers 7 000 mètres. Les piliers mesurent environ 600 mètres, ensuite des pentes de neige mènent pendant 300 ou 400 mètres au sommet. Quand nous en serons là...

Mais avant, il y a toute une paroi glaciaire à franchir, celle qui avait retardé Bonington dans son ascension. Une longue arête, trop cornichée, qu'il avait sans doute choisie pour éviter de monter dans une zone exposée aux séracs du glacier. Pascal nous parle de l'itinéraire emprunté par Chamoux, un cheminement astucieux et plus facile qui louvoie habilement au milieu des séracs. Ces derniers peuvent changer complètement d'une année à l'autre, devenir menaçants et dangereux, même si la configuration du glacier reste sensiblement la même. Là-dessus, aucun moyen de prévoir, à nous de juger sur place.

Détail du pilier qui dans la réalité se scinde en deux à son extrémité alors qu'il semble ici écrasé car la photo est prise au téléobjectif depuis le camp de base avancé.

Notre obsession, c'est le risque d'avalanches : elles sont monstrueuses en Himālaya. Tout dans ces montagnes prend une dimension irréelle. Ce pilier nous attire parce qu'il nous semble réduire ce danger. Il en est de même de l'automne.

Le Népal est soumis au régime de la mousson qui sévit l'été, de début juin jusqu'à fin septembre, et un peu durant l'hiver. Deux saisons pour les alpinistes : avant ou après la mousson. Avant la mousson d'été, c'est l'expérience que nous avons faite l'an dernier sur le Makālū : beau temps le matin, neige tous les après-midi, tombant toujours suffisamment fort pour donner le sentiment que nous n'avons jamais une journée complète devant nous. Plus le temps passe, plus le climat se radoucit ; tandis qu'au camp de base, en début de séjour, il fallait casser la glace pour faire de l'eau. Or, à la fin, le petit lac de moraine avait dégelé. Et puis, un beau jour, la mousson arrive. « *Pani* », disent les Népalais, ça veut dire « eau », et c'est comme si le déluge arrivait. Elle s'annonce dans le ciel. Et de bouche de villageois en oreille de montagnard, on sait qu'elle est déjà à tel col, qu'il pleut déjà dans telle vallée. Les jours sont comptés. Dès ce moment, les sherpas sont capables de dire à quel moment elle sera sur nous. Aucun sursis. Quand elle arrive, l'ambiance s'alourdit, la neige tombe, humide, en gros flocons. Il n'y a plus rien à tenter.

A 6 200 mètres, au camp I, on s'aperçoit que le pilier est raide. Peu nombreux sont les alpinistes qui tentèrent une escalade d'une telle difficulté à cette altitude.

Après la mousson d'été, le beau temps s'établit progressivement. Au début, l'atmosphère est toujours très humide. Des nuages se forment le long des versants, encombrant la vue. Il pleut encore un peu, mais les nuages ne montent jamais très haut, jamais au-delà de 6 500 mètres. Puis il fait de plus en plus sec et de plus en plus froid, on va vers l'hiver, vers un temps très stable. Fin octobre, une violente tempête peut s'abattre encore brutalement. Elle est déchaînée et dangereuse mais ne s'éternise pas. Puis, chassée par le vent du nord qui s'installe, elle fait place au froid. C'est l'hiver.

L'automne, c'est la saison que nous avons choisie. Il y fait certes un peu plus froid, mais après tout nous grimpons sur le versant sud. La stabilité des conditions atmosphériques nous permet de réduire les risques. On dit même qu'il y a un microclimat dans la région qui assure une température moins rigoureuse. Des guides connaissant bien le trekking du sanctuaire de l'Annapūrnā nous l'ont confirmé.

Nous voulons arriver acclimatés sur l'Annapūrnā. Cependant, rien n'est plus déprimant que ces allers-retours, sur un même itinéraire, dans l'unique but de s'habituer à l'altitude. Rien de tel pour émousser la motivation, si forte soit-elle. L'idéal est d'aller s'acclimater ailleurs, sur un autre sommet. Nous pensons au Xixabangma, c'est un 8 000 situé au Tibet. D'un accès rapide, il nous permettra d'économiser du temps sur les marches d'approche et de retour. Le Xixabangma n'est pas loin de la frontière du Népal, mais ne subit pas la mousson de la même manière. Nous envisageons donc d'y aller en septembre, puis de nous rendre à l'Annapūrnā vers la mi-octobre. Nous en parlons à Miguel Angel Gallego, l'alpiniste espagnol. Il connaît tout, c'est un véritable torrent de paroles : « Plutôt que la voie normale, nous dit-il, allez sur la face sud-est, c'est plus intéressant et vous gagnerez plus vite de l'altitude. Jean Troillet, Erhard Loretan et Woytek Kurtyka y ont ouvert un tracé qui va droit au sommet, et il y a des sommets annexes pour commencer à s'acclimater. Le terrain idéal pour grimper à deux en technique alpine. » Troillet nous le confirme, plus laconique : « C'est bonnard ! »

Au retour du Xixabangma, nous nous reposerons quelques jours à Kātmāndū, juste ce qu'il faut pour récupérer, sans perdre le bénéfice de l'acclimatation. Il semble qu'elle dure une quinzaine de jours. De manière curieuse, au fond, car si on la perd un temps, elle revient beaucoup plus vite. Au programme : farniente, tout en veillant à ne pas tomber malade avec des excès alimentaires ! Mais nous n'en sommes pas encore là...

Rencontre pour une autorisation

Kātmāndū, décembre 1993. Nous avons rendez-vous dans les bureaux de Mountain Travel Népal, pour mettre au point avec Anil l'organisation de l'Annapūrnā et du Xixabangma. Mountain Travel est l'une des premières agences de trekking au Népal. Il y en a aujourd'hui plus de deux cents, mais certaines sont éphémères : les Népalais sont très entreprenants. Les agences vivent principalement du trekking et les expéditions sont, pour elles, une activité prestigieuse mais non rentable. Il y a beaucoup d'aléas, les alpinistes sont exigeants et, avec eux, il est difficile de prévoir. En plus, ils négocient tout ! Mountain Travel, dotée essentiellement d'une clientèle américaine, est une agence prospère, réputée chère, mais connue aussi pour la qualité de ses services. Malgré cela, les affaires sont difficiles, et la direction a décidé que l'agence devait développer les expéditions, pour redorer son blason. C'est ce que nous explique Anil, chargé de ce secteur.
Heureusement, nous sommes sur place. Venus en ce mois de décembre pour grimper une cascade de glace près de Namche Bazar, dans la vallée qui mène à l'Everest, ce séjour nous permet de négo-

Agence de trekking à Katmāndū (ci-contre). Les Népalais, et tout spécialement les Sherpas, sont si entreprenants que l'on compte plus de deux cents agences de trekking. La chaîne du Xixabangma (8 046 mètres – page ci-contre), le seul 8 000 entièrement situé au Tibet, où Catherine et Érik vont s'acclimater à l'altitude.

cier notre projet de vive voix : vérifier qu'aucune autorisation n'a encore été attribuée pour la face sud de l'Annapūrnā, convenir des services que nous voulons et préparer le Xixabangma. En effet, l'autorisation est la clé de toute la suite, c'est avec elle que commence véritablement la préparation de l'expédition. Le gouvernement népalais en accorde une par versant et par saison, et nous devons nous assurer que la face sud est libre.

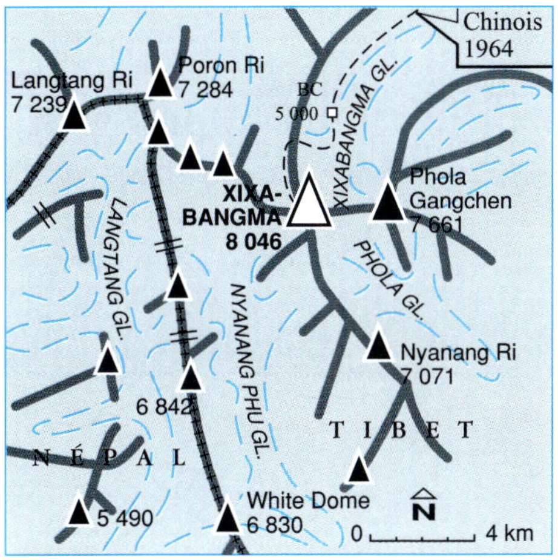

Beaucoup de gens s'étonnent que l'on doive payer pour monter sur un sommet, mais il faut bien prendre conscience que le Népal vit de ses seules montagnes et n'a aucun autre produit à exporter. Comme l'a dit un responsable local : « Notre seul argument de vente est l'Everest et tant que nous l'aurons, nous ne pouvons pas être perdants. » Pour faire un trekking, un permis est obligatoire. Il s'obtient facilement pour cinq dollars par semaine. Le tarif des sommets est fixé en fonction de leur altitude. Celui de l'Annapūrnā, comme celui des autres 8 000, s'élève à huit mille dollars. Pour l'Everest, le permis est brutalement passé à cinquante mille dollars, il y a deux ans. C'est la loi de l'offre et de la demande, et sans doute le seul moyen de freiner un peu la demande. Un frein bien faible cependant, car pour les acharnés de montagne, l'Everest est plus qu'un rêve et son prix n'a rien d'un obstacle. L'agence se charge de la demande d'autorisation. Elle connaît bien les rouages de l'administration et nous nous en remettons à elle.

Entre Mountain Travel et nous, le *business* se limite à des problèmes purement administratifs. Car, comme toutes les agences, elle pratique un tarif forfaitaire, mais ne nous laisse aucun choix quant aux hommes de l'équipe. Or, nous, nous tenons à ce que Nima Tensing soit notre *sirdār*, et Sonam notre *cook*. Nous les connaissons bien, pour être allés, l'an passé, au Makālū avec eux et nous savons que nous pouvons compter sur eux. Ils sont tous les deux employés à l'année par Mountain Travel, mais en seront détachés, pour cette expédition. La nourriture sera achetée à Kātmāndū et nous réglerons, sans intermédiaire, les porteurs de vallée, le *cook* et le *sirdār*, qui s'occuperont de tout durant l'expédition. Les alpinistes ne sont pas des clients faciles. Avec Anil, nous décidons d'un forfait qui représente les frais estimés par l'agence pour ce service. Tout cela se discute courtoisement, en plusieurs fois. Les Népalais ont le sens du commerce et le goût de la négociation. Pour le Xixabangma, nous avons recours à la Chinese Mountaineering Association, ou bien encore à la Tibet Mountaineering Association, mais, pour les avoir déjà pratiquées, nous savons que la communication est difficile et que les surprises d'une organisation imparfaite sont fréquentes. Nous envisageons donc de traiter aussi l'ascension de ce sommet avec Mountain Travel. Il nous faut un moment pour comprendre que l'agence vient de perdre son spécialiste du Tibet, qui vient de créer sa propre agence ! Anil reste très intéressé par notre projet au Xixabangma, puisque ce serait pour lui une première expérience au Tibet. Mais nous préférons cependant prendre contact avec Thamserku Trekking, spécialiste de cette région. Anil nous comprend et ne s'en offusque pas.

Thamserku Trekking, c'est une vieille connaissance, et une histoire de famille. Trois frères, Sonam, Tendi et Tshering, s'en partagent la direction. Le visage de Sonam est empreint d'une tristesse grave que jamais le temps n'effacera. Sa femme, Pasang, a été la première *Sherpani* au sommet de l'Everest, mais elle n'en est jamais redescendue. Ses funérailles ont mobilisé une foule immense, ce fut un événement national. Tendi, c'est un sourire ouvert au charme ravageur. Il a passé plusieurs mois en France, on dit même qu'il a failli s'y marier. Il parle parfaitement français et a finalement trouvé femme dans son village natal. Tshering, c'est avant tout une voix, suave, un appel, la musique du Népal qui envahit l'interlocuteur impatient de son prochain départ. Il y a quelques années, Tshering travaillait avec sa sœur dans l'agence qu'elle dirigeait, Sherpa Society, et était en froid avec Sonam. Depuis il s'est disputé avec sa sœur et s'entend à nouveau très bien avec son frère. Nous avons essayé de comprendre, histoires de famille...

Pasang Sherpa est l'unique Sherpani *à être jamais montée au sommet de l'Everest. Malheureusement, elle n'en est jamais redescendue et son mari, Sonam, directeur de l'agence Thamserku Trekking, demeure inconsolable.*

Tous trois sont originaires d'un village de la région de moyennes montagnes du Solu. Leur passage sur les bancs de l'école a été éphémère. Ils ont tout appris de la vie, avec une intelligence qui nous fascine. En quelques années, Tshering et Tendi ont acquis une redoutable assurance. Ils viennent en France, chaque hiver, pour rencontrer leurs clients, des guides et des agences de voyages, et préparer leur saison. C'est un vrai voyage d'affaires, minuté, et qui les prend à plein temps. Thamserku Trekking a une clientèle française très importante : Sonam a créé cette agence avec l'appui de l'alpiniste français Marc Batard, qui l'a beaucoup aidé. Depuis, leur amitié a connu des revers, mais l'agence a grandi pour devenir l'une des plus importantes, de quoi inquiéter Mountain Travel.

31 décembre 1993. Cette date n'a aucune signification ici, le nouvel an est en février. Pourtant, nous recevons de Tshering une invitation au réveillon organisé à l'hôtel Shangri-La, l'une des meilleures tables de Kātmāndū. Nous craignons la soirée mondaine, mais il nous est difficile de refuser. Une surprise touchante nous y attend : loin de ce que nous avions imaginé, c'est tout le personnel des bureaux de Thamserku Trekking, et leurs enfants, que nous trouvons réunis là autour de cette table. Nous sommes les seuls Occidentaux et c'est exactement ce que nous désirions secrètement : une ambiance de fête de famille, où chacun raconte et se raconte. Nous découvrons l'incroyable évolution de ces trois frères. Et Tshering, aujourd'hui notable qui pétille de projets, nous raconte de surprenantes anecdotes sur la vie des sherpas et leurs relations avec les Occidentaux. L'expérience du Tibet, ils l'ont acquise au fil des jours : en accompagnant les expéditions, en appre-

nant sur place les détours des relations avec les officiels chinois et les Tibétains, cousins des Sherpas. Après sa première visite au Tibet en 1988, Tshering avait eu vite fait d'apprendre :

« 1988. Cho Oyu, versant tibétain. Ang Tshering accompagne l'expédition. Il a décidé de passer les premiers jours en Chine, pour apprendre. Il n'y est jamais allé auparavant, et il est malheureux, extrêmement tendu dans ses rapports avec l'officier de liaison chinois, réglementairement imposé, et même avec les Tibétains. A la première occasion, il s'en va.

La domination chinoise au Tibet a engendré de difficiles rapports entre Chinois et Tibétains et, entre Chinois et Sherpas. La présence obligatoire d'un officier de liaison chinois dans toute expédition au Tibet est pesante.

« 1989. Expédition à l'arête nord de l'Everest. De nouveau au Tibet, de nouveau Tshering. A Khassa, premier village après la frontière traversé par la route reliant Kātmāndū à Lhassa, les tractations commencent avec les Chinois. Longues, difficiles : l'officier de liaison parle uniquement chinois, et tout passe par un interprète. L'expédition, avec l'aide de Tshering, doit faire face aux problèmes dont l'absurdité laisse pantois. Mais, cette fois, celui-ci mène les négociations avec un air de jubilation évident. Il propose des solutions qui court-circuitent totalement l'administration chinoise, et qui sont acceptées par les officiels, visiblement dépassés par l'aisance et la rapidité dont il a su faire preuve. L'année précédente, il avait découvert de la famille et des amis au village de Tingri, le centre le plus important de ce secteur. Or, il y a entre les Sherpas et les Tibétains des liens qui constituent un tissu social souterrain extrêmement efficace, échappant complètement à l'occupant chinois, avec ses mécanismes propres et une souplesse qui le rendent « invisible ». Tshering avait compris que tout était possible et se retrouvait libre d'agir dans cette légalité « souple » habituelle aux Népalais... Deux des sherpas ont passé un mois en Chine, sans passeport, en se déguisant en porteurs de vallée, juste le temps de passer la frontière ! »

C'est en confiance que nous nous adressons à Tshering pour le Xixabangma. Sur place, l'équipe sera réduite au minimum : un *cook* et nous deux ! Il faut dire que chaque jour au Tibet coûte très cher. Habituellement, les Népalais n'aiment pas trop se retrouver seuls, dans un camp de base, pendant que nous sommes dans la montagne. On les comprend ! Tshering fait un peu la grimace quand nous lui annonçons que nous souhaitons avoir le même *cook* que pour l'Annapūrnā. Sonam travaille pour Mountain Travel et ça ne se fait pas vraiment... Mais nous, nous sommes déjà engagés auprès de lui. Quand nous sommes allés le voir, il y a quelques jours, dans son village de Khumjung, il nous a reçus chez lui, avec un goûter plantureux, réplique parfaite de ce qui se fait dans les camps de base : chocolat, thé, biscuits... Nous n'avions absolument pas faim, mais politesse oblige. Non seulement Tshering doit accepter de travailler avec un sherpa qui ne fait pas partie de son staff habituel, mais Mountain Travel doit accepter de nous laisser Sonam pour le mois de septembre. Restons simples.

Deux jeunes Tibétains dans le village de Shegar, situé sur la route de l'Amitié qui relie le Népal à Lhassa, capitale du Tibet.

Tout s'arrange toujours au Népal, et l'affaire est conclue. Nous quittons Tshering au coin d'un bar. Lui avec trois mille trois cents dollars en poche pour l'autorisation, nous avec un simple reçu et l'assurance qu'il va obtenir ce permis chinois et qu'il saura nous organiser tout cela le mieux possible. La confiance règne.

Ensuite, jusqu'à notre arrivée du 19 août, tout se passe par Fax. Depuis quelques années, les Fax sont arrivés à Kātmāndū et s'y sont répandus comme une traînée de poudre. Là-bas, tout ce qui permet de bien faire son *business* est adopté illico ! Le pays se transforme à vue d'œil, c'est frappant d'une année à l'autre. L'arrivée de la transmission du téléphone par satellite nous a changé la vie. Avant, il fallait aller à la poste centrale et attendre des heures pour obtenir une communication. Aujourd'hui, c'est un billard, on peut appeler la France instantanément, de partout. Mais il y a aussi des transformations plus lourdes, plus importantes, plus graves pour le pays et qui génèrent un exode massif vers la vallée de Kātmāndū gonflant toujours plus le sous-prolétariat urbain, entraînant une pollution de la ville intenable.

La marche d'approche qui conduit au pied d'un sommet peut nécessiter un grand nombre de porteurs. Leur paiement devient alors une tâche délicate, le plus souvent prise en charge par l'officier de liaison de l'expédition.

Huit mois denses : préparation

Autrefois, organiser une expédition, c'était au moins l'affaire d'une année. Ne parlons même pas de l'époque héroïque où le fret, quand ce n'étaient pas les grimpeurs, voyageait en bateau et en camion. Pour la dernière expédition nationale française, au K2 en 1979, un responsable logistique avait été employé à plein temps pendant un an ; c'était une expédition lourde, nombreuse, l'équivalent aujourd'hui d'un « dinosaure ». Parmi ceux qui ont eu la chance d'y participer, beaucoup sont revenus avec la conviction qu'à l'avenir il faudrait absolument changer la formule. Cette expérience a été décisive pour Pierre Béghin, qui, par la suite, a opté pour la légèreté. De plus, le K2 se situant au Pākistān, les partenaires locaux n'étaient pas aussi fiables qu'au Népal.

Il est vrai que pour nous, aujourd'hui, les paramètres sont bien différents : technologies de com-munication, fret par avion, rassemblement du matériel sont autant d'atouts pour rendre plus légère une telle expédition. Quelques mois de préparation y suffisent.

Par chance, nous avons, en ce qui concerne l'équipement, des partenaires fabricants qui nous apprécient et qui réagissent rapidement quand, à la veille de leurs vacances, nous leur demandons une modification de dernière minute... Une expédition comme la nôtre, c'est un banc d'essai. Nous sommes exigeants quant à la légèreté, la technicité, la sécurité ; les conditions d'utilisation sont sévères. Nous voulons le plus fiable, et nous voulons aussi parfois tester des idées. Les prototypes sont mis au point et essayés durant l'hiver. Le puzzle matériel s'agence, tout est prêt fin juillet.

Les paquets s'amoncellent. Il faut aussi songer à

Bodnath, situé à environ 8 kilomètres de Kātmāndū, est, avec son extraordinaire stūpa, le sanctuaire bouddhiste le plus vénéré de toute la vallée.

équiper le staff népalais qui nous accompagne : officier de liaison, *sirdār*, *cook*, *kitchen boy*. La réglementation népalaise offre deux possibilités : payer mille dollars ou fournir un trousseau neuf de la même qualité que notre équipement. Souvent, à peine distribué, tout ce bel équipement se volatilise dans les boutiques de Thamel, le quartier de Kātmāndū où sont concentrés les souvenirs, les chemises bariolées, les pantalons bouffants, les marchands de hachisch à la sauvette, les changeurs d'argent au noir et les combinaisons dernier cri récupérées des toutes récentes expéditions. On y trouve absolument tout. Du neuf et de l'occasion, en vente ou en location, on peut pratiquement arriver sans rien. On ne le fait pas, parce que c'est tellement cher qu'il vaut mieux acheter en France. Les sherpas voyagent, ils savent compter et les boutiques ont derrière le comptoir le catalogue du Vieux Campeur qui fait référence ! Ceux qui travaillent régulièrement avec les expéditions finissent par être personnellement équipés : combinaisons, chaussures, sacs de couchage... Bien souvent, la dotation qui nous est imposée ne correspond plus à un besoin, mais elle est un moyen de multiplier par cinq ou dix le salaire ! Nous veillons seulement à ce que chacun quitte Kātmāndū correctement pourvu afin d'éviter les mauvaises surprises, une fois arrivés au camp de base.
Mille dollars, ça tient dans la poche ; un sac marin, c'est encombrant et il faut trouver tout ce qui va dedans ! Souvent on choisit la facilité, les dollars. Mais nous avons la chance de pouvoir compter sur l'aide des fabricants. Nous allons donc jouer aux Pères Noël avec nos beaux sacs remplis de vêtements tout neufs. De France, nous amenons aussi la nourriture. Une journée dans une grande surfa-

Lors d'une expédition, la nourriture tient une place importante. Les sherpas font en général une excellente cuisine malgré les installations précaires dont ils disposent : ici une cuisine typique de camp de base.

ce et le tour est à peu près joué, excepté pour quelques précieuses denrées périssables que nous achèterons au dernier moment. C'est fascinant de parcourir cette caverne d'Ali Baba et de remplir les maxi-chariots en laissant aller ses goûts et ses envies ! Nous imaginons un instant tout le plaisir et le luxe que nous représentera cette boîte de biscuits là-bas. Ce qui nous mo-tive : le plaisir. Au camp de base, Sonam nous fera sans nul doute une très bonne cuisine avec les produits que l'on trouve au Népal. Seuls les légumes, les œufs et la viande manqueront, à terme, parce qu'ils ne se conservent pas indéfiniment. Mais imaginez une gâterie, quand le moral fait défaut en altitude ! Du beurre sur les pommes de terre, de la viande séchée, coupée en tout petits morceaux, dans la purée, un bon café, des céréales qui nous changent du porridge, des crèmes dessert et un morceau de beaufort...

Pour l'altitude, nous avons limité les plats lyophilisés aux œufs en poudre, aux compotes et à certaines brandades. Les autres plats ne sont pas digestibles, nous en avons encore fait l'expérience l'an dernier. La base de l'alimentation en bivouac, c'est d'abord boire, des soupes, des thés, du chocolat, puis manger des plats très simples, de la

Les ressources alimentaires népalaises étant limitées, on prévoit d'emporter un ensemble de victuailles choisies qui permettent ainsi de rompre avec la monotonie. Le conditionnement adopté est le bidon en plastique.

purée, de la viande, des sucreries en dessert. Ce n'est pas le bilan calorique ou vitaminique qui donne envie de s'alimenter, c'est le goût. On se découvre des fringales, tantôt les petits Bonbel, tantôt une charcuterie qu'on ne touche jamais. Il ne faut pas se laisser abattre.

Tout cela s'entasse dans des bidons. Les bidons s'entassent dans un garage. Le garage attend qu'on lui laisse un peu d'air. Une trentaine de bidons pour les deux expéditions, 500 ou 600 kilos. Auxquels s'ajouteront le matériel, les sacs pour le staff, les tentes et les bricoles de dernière minute. Le bidon en plastique de soixante litres avec poignées, et fermé par un couvercle cadenassé, c'est le compagnon que l'on choie : pendant les préparatifs, il donne le goût et l'impatience du départ. A l'arrivée du fret, à la douane, il attend sagement les formalités. Puis on guette toujours sa présence, car son contenu est notre survie (les duvets, les chaussures...). Container, citerne ou banc, aucune fonction ne lui échappe, c'est un outil précieux, qu'on finit par donner.

Le 19 août, nous retrouvons Kātmāndū, ses fumées et ses Klaxon, ses bistrots et ses odeurs. Notre plaisir d'être là, toujours. Les courses au marché. L'air de la mousson.

70

L'ÉPOPÉE HIMALAYENNE

Les Anglais furent les premiers à partir en reconnaissance sur le versant tibétain de l'Everest dès 1921. Ici, les membres de l'expédition de 1922 prenant leur petit déjeuner. De gauche à droite : Wakefield, Morris, le général Bruce, Geoffrey Bruce, un gurkha (militaire népalais), et Norton.

1950 : premier 8 000

Paris-Match, 19 août 1950, titre : « Neuf David contre un Goliath » : « Le 3 juin, vers 14 heures, Maurice Herzog et Louis Lachenal se trouvaient tous deux au sommet de l'Annapūrṇā, en plein cœur de l'Himālaya. Ils pouvaient alors se dire : " Jamais cœurs d'hommes qui viennent de remporter une victoire n'ont battu, sinon si fort, du moins si haut. " » L'article conclut de la sorte : « L'Annapūrṇā, violé, s'est vengé sur ses vainqueurs. »

Début de l'après-guerre, l'alpinisme français se réveille. Jusque-là, les Italiens et les Allemands avaient dominé la scène des grandes faces nord. Les techniques avaient évolué plus vite chez nos voisins qu'en France, où quelques grands alpinistes s'étaient montrés très conservateurs. Par ailleurs, les motivations patriotiques de nos voisins avaient servi de carburant à des audaces qui s'étaient souvent révélées meurtrières. Cependant le talent y était réellement. D'excellents grimpeurs allaient vite assimiler ce que leurs prédécesseurs considéraient comme des artifices dénaturant l'alpinisme. Pierre Allain avait écrit à propos des Drus : « L'alpinisme perd ici ses droits, seuls les échelons scellés, ou quelque autre procédé du même genre pourraient en venir à bout ; ce ne serait plus de l'alpinisme mais du travail en montagne. Sur ce plan, tout est réalisable, même un chemin de fer intérieur à rampe hélicoïdale. » Mais les alpinistes de la jeune génération, sortis de cette guerre durant laquelle ils avaient néanmoins réussi à poursuivre leur entraînement, voulaient, eux aussi, ouvrir de nouveaux itinéraires audacieux, et se frotter à ces faces nord qui leur avaient échappé jusque-là.

Années bouillonnantes durant lesquelles les regards se tournent à nouveau vers les très hautes montagnes. Années de convalescence nationale, où l'énergie d'un Lucien Devies, président de la Fédération française de la montagne, sert de puissant levier pour replacer l'alpinisme français au premier plan. Talent d'organisation, influence pour pouvoir accéder au Népal, il faut bien ces qualités-là pour mettre sur les rails les projets d'ascension du Dhaulāgiri et de l'Annapūrnā, qui ouvrent l'ère des 8 000. Seuls les meilleurs du moment sont sélectionnés ; ils s'appellent : Lionel Terray, Gaston Rébuffat, Louis Lachenal, Jean Couzy, Marcel Schatz. La direction de l'expédition est confiée à Maurice Herzog, qui révèle une remarquable adaptation à l'altitude, et la caméra est tenue par Marcel Ichac, le seul de la troupe à s'être déjà rendu en Himālaya auparavant.

A l'époque, l'aventure est totale. Les cartes sont, pour ainsi dire, inexistantes. Les rares dont on dispose proviennent de relevés quasi clandestins, effectués par le Survey of India. Le temps, ô combien précieux, file, en cette saison de prémousson. Désormais le Dhaulāgiri n'est plus un objectif accessible. Il faut néanmoins trouver un chemin d'accès vers le versant nord de l'Annapūrnā : un mois de reconnaissances successives au départ de Tukuche avant de pouvoir installer un camp de base, le 23 mai. La mousson arrive ici début juin, les jours sont comptés. Brusquement, le rythme s'accélère : une organisation efficace et la motivation des grimpeurs permettent d'envisager, dès le 2 juin, l'assaut final. Une dizaine de jours sont nécessaires pour être fin prêts sur un 8 000, après l'acclimatation acquise dans les nombreuses marches aux alentours de 5 000 mètres. Il ne reste plus que quelques jours, le temps se dégrade vite. Tout est mis en œuvre pour qu'une cordée puisse réussir. Lachenal et Herzog la formeront, accompagnés de deux sherpas jusqu'à leur dernier bivouac vers 7 330 mètres. L'équipe change de rythme, après avoir longtemps cherché la voie d'accès et l'itinéraire le plus commode. Bénéficiant de l'organisation remarquable de l'expédition, l'ascension devient tout à coup rapide, très rapide. Comme si tous ces bouillants alpinistes étaient saturés d'avoir rongé leur frein en

L'équipe française de l'expédition Annapūrnā en 1950 : en haut Jean Couzy, ensuite Marcel Schatz et Gaston Rébuffat, devant Marcel Ichac et Francis de Noyelle, à gauche Lionel Terray, au premier plan Louis Lachenal, Jacques Oudot et Maurice Herzog.

attente et en recherches. Découvrant soudain l'objectif à portée de main, ils ne sont alors certainement pas disposés à le lâcher, quitte à redoubler d'audace et de témérité.

On connaît la suite. Un succès chèrement payé par les grimpeurs. Maurice Herzog est amputé des doigts, à la suite de gelures. Mais le seuil fatidique des 8 000 est pourtant franchi. Un *Annapūrnā, premier 8 000* reste aujourd'hui encore dans toutes les mémoires, ainsi que ces mots de Maurice Herzog : « L'Annapūrnā vers laquelle nous serions tous allés sans un sou vaillant, est un trésor sur lequel nous vivrons. Avec cette réalisation, c'est une page qui se tourne. C'est une nouvelle vie qui commence. Il y a d'autres Annapūrnās dans la vie des hommes. »

Une fois atteint le sommet de l'Annapūrnā et passées les multiples difficultés que son ascension peut engendrer, se posent les terribles problèmes du retour au camp II après un bivouac dans une crevasse : ici Louis Lachenal soutenu par Dawatoundu et Foutarkey.

Aujourd'hui, on mesure les risques pris à cette époque. Cet itinéraire n'est certes pas très difficile techniquement, mais, en revanche, il est extrêmement exposé aux risques d'avalanches et aux chutes de séracs. Les accidents qui ont endeuillé l'Annapūrnā ultérieurement le confirment. C'est d'ailleurs le cas de la plupart des voies normales sur les sommets himalayens. L'expérience acquise depuis lors par les alpinistes sur les grands sommets nous permet de juger facilement le courage de cette ascension. Aujourd'hui, nous portons comme une obsession le fait d'acquérir tous les automatismes nécessaires afin de ne pas risquer de perdre des gants, par exemple, comme cela est arrivé à Maurice Herzog durant sa descente. Mais pourquoi diable n'en avait-il pas de rechange ? Ces drames ne sont pas à imputer à telle ou telle personne, ou à tel coup de folie dicté par l'ambition. Non ! Ils font partie de cette expérience collective sur laquelle nous nous appuyons tous, nous qui venons après ces très inoubliables pionniers.

1950, l'Annapūrnā, c'est donc, pour beaucoup, l'année zéro de l'himalayisme, une ère nouvelle. En fait, l'histoire de l'alpinisme en Himālaya n'est pas tout à fait nouvelle, car, dès la fin du XIXe siècle, nombre d'alpinistes-explorateurs déblayèrent le terrain et jetèrent les bases des deux principales techniques d'ascension : la pyramide humaine grâce à laquelle, dans les expéditions dites aujourd'hui lourdes, une équipe concourt au succès d'un seul et les tentatives extrêmement audacieuses par des cordées très légères.

Avant 1914 : la découverte

Il faut rendre aux Britanniques ce qui leur revient. Les régions himalayennes ont été des annexes de l'empire des Indes, et, par conséquent, de l'Empire britannique. Aux projets de montagne se sont mêlés des intérêts croisés d'exploration, de connaissance géographique et le maintien d'une position stratégique. Les puissances voisines, la Russie et la Chine, ne sont alors pas non plus des débutantes en matière d'hégémonie territoriale...

Les armées d'Alexandre posèrent leurs dernières tentes jusque dans le pays Hunza, au cœur du Karakorum. Et, dès le XVIIe siècle, quelques

Européens avaient bien franchi l'Himālaya. Jésuites pour la plupart, ils cherchaient à établir un empire spirituel. Mais c'est au XIXe siècle seulement que les choses commencent à bouger : on n'envisage pas l'ascension d'un sommet ou le parcours d'une vallée sans instrument topographique. Une carte du Népal est établie, en 1803, par le commandant de l'escorte du résident de Kātmāndū, Charles Crawford. L'altitude du Dhaulāgiri est évaluée en 1810 avec une grande exactitude. De prodigieuses explorations se déroulent en cette seconde moitié du siècle. On monte sur des pics pour mieux admirer la région. Un sommet de 7 000 mètres est gravi au cours de l'une de ces missions.

En 1883, W. W. Graham reconnaît, devant la Société royale de géographie, que son exploration du Garhwal et du Sikkim s'avère être « davantage pour le sport et l'aventure que pour les progrès de la connaissance scientifique ». En fait, cette expérience marque le début d'une nouvelle époque, où l'on se rendra dans l'Himālaya pour faire de l'alpinisme. En 1895, c'est Mummery qui ouvre réellement cette ère. Son objectif : gravir le Nānga Parbat avec deux compagnons, Norman Collie et Geoffrey Hastings, sans envisager le moins du monde l'assistance de sherpas ou de porteurs d'altitude, encore moins l'utilisation de masque à oxygène, la pose de cordes fixes ou l'installation de camps successifs en altitude. C'est ce que l'on appelle aujourd'hui une expédition légère en technique alpine, avec, cependant, une dose d'inconscience due au manque de connaissance des problèmes liés à l'altitude. Mais Mummery croit en son projet et écrit à sa famille : « Il n'y a aucune raison de s'inquiéter ; l'affaire est beaucoup moins terrible que le premier sommet du Caucase. »

A ce petit groupe se joint un nouveau compagnon, Bruce. Première expédition purement sportive, premier drame de l'Himālaya. L'équipe renonce rapidement au versant Rupal — qui ne sera gravi qu'en 1970 par les frères Messner —, puis cherche une voie sur le versant Diamir. « Je pense que nous devrions faire le sommet, car ce n'est qu'une question de bon entraînement pour garder son souffle. » Elle découvre ce que sont les symptômes du mal d'altitude et le gigantisme de l'échelle himalayenne. Le versant Diamir repousse les alpinistes qui tentent ensuite la vallée du Rakhiot, future voie de la première ascension. Mummery et les deux Gurkhas qui l'accompagnent n'en reviendront jamais. Tentative prématurée pour une forme d'himalayisme qui s'impose, aujourd'hui, comme la seule acceptable. C'est l'époque de tous les essais. Et le K2, deuxième sommet du monde avec ses 8 611 mètres, sera, au tout début du siècle, le théâtre d'une autre « figure » courante de l'expédition himalayenne : celle de l'équipe internationale, composée de membres compétents, mais individualistes et incapables de mettre leurs efforts en commun. Cette équipe est dirigée par Oscar Eckenstein, personnalité marginalisée au sein de l'Alpine Club malgré,

Aleister Crowley a fait partie de l'expédition de Oscar Eckenstein au K2 en 1902. Cet individualiste plein d'humour ne se déplaçait jamais sans sa bibliothèque et rédigeait ses mémoires intitulées Une autohagiographie.

Vittorio Sella, alpiniste et photographe italien, est l'auteur d'une très fameuse série de photos. Il s'est rendu au K2 au début du siècle. Ce cliché nous permet de voir combien l'équipement de l'époque était rudimentaire.

ou à cause de l'invention des crampons légers et d'un piolet court qui préfiguraient le matériel actuel. Nous sommes en 1902, et l'usage des crampons est considéré, par cette vénérable institution, comme une tricherie. L'histoire et les polémiques se réinventent périodiquement... Proche d'Eckenstein dans son mépris pour l'Alpine Club, Aleister Crowley est de la fête. Cet occultiste-alpiniste, mégalomane de surcroît, défend sans relâche dans ses confessions, *Une autohagiographie*, sa supériorité et vilipende l'Alpine Club : « L'ignorance et l'incompétence sont irréfutables. Le ridicule n'atteint pas le royaume du snobisme tranquille. » Crowley a vécu les vingt-cinq dernières années du XIXe siècle et presque la moitié du nôtre. Invraisemblable mélange de culture, de prétention, de folie et d'humour, ses confessions débordent d'intelligence et de mauvaise foi, mais elles sont aussi un récit d'aventure et une formidable peinture de l'époque et de l'alpinisme anglais. Ce livre est aujourd'hui difficile à trouver. Il semble qu'on peut encore se le procurer à la Pilgrim's Bookshop, extraordinaire librairie tenue par des Indiens, à Kātmāndū. L'expédition se noie dans les querelles et ne reçoit aucune audience malgré un important travail de reconnaissance sur l'arête nord-est, jusqu'à 6 525 mètres.

Le troisième avatar typique de l'expédition himalayenne, illustré dès 1905, est le premier contrat d'expédition. A cette occasion, Crowley est le chef et, outre les arrangements financiers, exige, dans ce contrat, d'être reconnu comme « le seul et suprême juge pour toutes les questions portant sur l'alpinisme et la montagne ». Bilan : quatre morts. Crowley ne fera plus jamais d'expédition. Heureusement, l'himalayisme du début du siècle n'est pas uniquement arrogance et projets irréalistes ou mégalomaniaques. D'autres alpinistes fondent les bases d'une véritable connaissance des ascensions en haute altitude, par des explorations systématiques, prudentes et organisées, et par des succès sur des sommets de 7 000 mètres.

Au K2, l'expédition dirigée et financée par le duc des Abruzzes, en 1909, fait un énorme travail cartographique et photographique. Les clichés de Vittorio Sella sont une remarquable source d'informations et restent aujourd'hui encore, pour les alpinistes, un grand moment d'émotion. Les grimpeurs d'alors ne vont pas plus haut que leurs prédécesseurs, mais ils identifient l'arête sud-est, la future arête des Abruzzes, comme la voie d'ascension la plus praticable. Les Italiens y reviendront plus tard avec succès. Au passage, l'altitude de 7 498 mètres est atteinte sur le Chogolisa. C'est en 1922 que cette altitude sera dépassée.

Enfin, et c'est peut-être le plus significatif de toute cette période, deux personnalités, Longstaff et Kellas, dessinent les formes d'un himalayisme en gestation. Kellas réalise, dans le Sikkim, des expéditions avec des sherpas pour seuls compagnons et gravit trois sommets entre 6 800 et 7 100 mètres. S'associer ainsi à des sherpas en les considérant non plus comme des porteurs d'altitude, mais bien plutôt comme des alpinistes à part entière, en les formant autant que nécessaire, c'était créer une dynamique dont on n'a pas fini de connaître les richesses. Quelques sherpas ont eu la chance de pouvoir se perfectionner techniquement dans des écoles comme celle de Manang, ou dans des pays occidentaux, comme cela se fait à l'ENSA (École nationale de ski et d'alpinisme) de Chamonix. Il en résulte des changements semblables à ceux qui ont permis la transition entre les premiers cristalliers qui, dans les Alpes, accompagnaient les ascensionnistes anglais, et les guides d'aujourd'hui. On peut rêver d'un jour où les ascensions difficiles seront réalisées, en technique alpine, par des cordées mixtes, dans lesquelles les sherpas auront leur propre place d'alpinistes.

Longstaff, lui, explore, en 1905, le massif de la Nanda Devi, avec les guides italiens Alexis et Henri Brocherel. Ils font ensemble une tentative en technique alpine, sur la Nanda Devi (7 816 mètres). Ils poursuivent au Tibet, puis reviennent dans le Garhwal. Quelle persévérance ! Deux ans plus tard, ces reconnaissances leur permettent de réussir l'ascension du Trisul (7 120 mètres). Ayant observé que les séjours en altitude épuisent, Longstaff comprend qu'un solide acclimatement aux altitudes modérées est la meilleure préparation. Cette découverte sera reprise plus tard par les plus grands, dont Reinhod Messner. Jouant sur la rapidité, Longstaff décide ensuite de tenter — avec succès — le sommet du Trisul à partir d'un camp à 5 200 mètres. C'est à cette technique que des alpinistes actuels, comme Loretan et Troillet, qui ont gravi la face nord de l'Everest en 1986, doivent leur succès.

Alpiniste, marin et explorateur italien, le duc des Abruzzes découvrit la montagne en 1892. Après plusieurs réussites remarquées dans les Alpes, il se tourne vers les montagnes du monde et gravit quatorze des sommets du massif du Ruwenzori. En 1909, il s'engage dans une grande expédition au Karakorum avec l'ambition, malheureusement non réalisée, de vaincre le K2.

Dernière descente de Bruce lors de l'expédition anglaise à l'Everest en 1922. Monter si haut avec un matériel lourd et rudimentaire, sans aucune connaissance de la haute altitude, semble de nos jours d'une hardiesse exemplaire.

On le voit, l'avenir de l'himalayisme est, au début du siècle, en germe grâce à l'intuition et parfois à l'inconscience des pionniers. Mais ce n'est que pendant l'entre-deux-guerres que les fondations seront vraiment assises, en confirmant des connaissances sur les comportements en altitude, en choisissant des techniques d'ascension qui laissent quelque espoir d'atteindre les hauts sommets, points de mire de tous les objectifs.

L'entre-deux-guerres : les 8 000 se dérobent

Les guerres font beaucoup de mal, mais, curieusement, elles semblent suivies d'un regain d'activité. Comme si l'euphorie de la paix retrouvée allait ouvrir les portes de l'impossible... Tout naturellement, c'est donc vers le toit du monde, l'Everest, que l'activité se concentre dans les premières années. Les Anglais sont là, toujours à la pointe. C'est le début d'une période qui, malgré des controverses sur l'utilisation de l'oxygène, et quelques ascensions légères, consacre le modèle de l'expédition dite lourde. Le succès de ce type d'expédition repose sur l'organisation, la force de l'autorité d'un chef compétent et le travail d'équipe. Cette tactique saura ensuite faire ses preuves au point d'éclipser, quelque peu, les possibilités des techniques plus légères d'ascension.

Le Népal est fermé. Il le restera jusqu'à la Seconde Guerre mondiale. Au Tibet, les Anglais se sont déjà distingués, si l'on peut dire, par une expédition punitive à Lhassa, en 1903. Celle-ci était dirigée par Sir Francis Younghusband, qui devint, à la fin de la Grande Guerre, président de la Royal Geographical Society. En 1921, il est à l'initiative d'une reconnais-

Camp du col Nord de l'Everest. L'expédition anglaise de 1922 a joué un rôle primordial dans l'apprentissage de la haute altitude. Au cours de celle-ci, certains utilisèrent des appareils à oxygène des plus élémentaires tandis que d'autres, sceptiques, n'en firent pas usage.

sance qui préparera les expéditions anglaises de 1922 et 1924 sur l'Everest. On peut être quelque peu surpris, aujourd'hui, de ces liens étroits entre la présence militaire et les enjeux stratégiques qui la justifient, et les projets purement sportifs. Mais le goût pour l'exploration sportive et la volonté d'étendre l'Empire britannique vont de pair. De plus, toute cette région d'Asie et d'Asie centrale est fort convoitée. La Chine entretient des relations difficiles avec le Tibet, qui l'a souvent menacée. Les conflits des deux puissances sont aussi nombreux que les tentatives de les rapprocher, par des relations diplomatiques régulières et par des liens familiaux. Nous sommes dans les années 20. Dans cet après-guerre se profile aussi une autre menace pour la puissance anglaise : le communisme et les Soviets qui cherchent à étendre leur influence vers l'est. Le Tibet est une région stratégique, et c'est donc avec toutes les influences politiques et militaires nécessaires que les Britanniques réussissent à obtenir du dalaï-lama l'autorisation de faire une première reconnaissance sur l'Everest, en 1921. Dans l'équipe on trouve Mallory, qui fera partie des prochaines expéditions, et Kellas, qui ne survivra pas au voyage. Atteindre le pied de l'Everest, c'est déjà l'inconnu. De Darjeeling, c'est un interminable trajet qui conduit l'expédition à Tingri, village au cœur d'une plaine immense fermée au sud par le Cho Oyu et l'Everest.

Le goût de l'exploration, la volonté d'étendre l'Empire britannique, les relations difficiles entre la Chine et le Tibet expliquent l'immense influence des Anglais dans la zone himalayenne pendant les années 20.

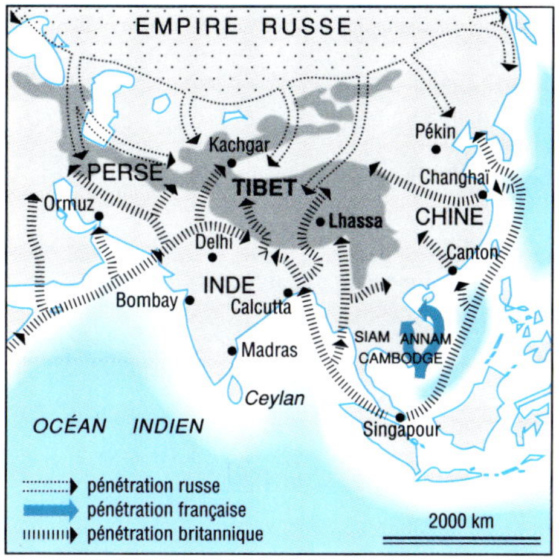

Aujourd'hui, Tingri est coupé en deux : d'un côté, une caserne chinoise où les expéditions de passage sont tenues de résider, et de l'autre, le village tibétain à quelques centaines de mètres. C'est par une piste carrossable en Jeep uniquement que l'on atteint l'entrée de la vallée de Rongbuk. Découvrir, là-bas, au fond, la silhouette pyramidale de l'Everest, Chomolungma en tibétain, et deviner les ruines du monastère de Rongbuk, habitées aujourd'hui par une dizaine de moines confinés dans une petite salle de culte, restent et resteront une émotion intense. En 1989, de passage dans la région, nous montrons aux moines des photos datant de 1921. C'est ainsi que nous assistons à la redécouverte émue d'un passé perdu : ils reconnaissent tantôt le vaste parvis empli au moment des fêtes, tantôt le portrait des grands lamas d'alors.

De Tingri, l'expédition de Mallory reconnaît le chemin qui mène au Nangpa La, ce col situé à 6 000 mètres, et par lequel les commerçants tibétains amènent les yaks en caravanes jusqu'à Namche Bazar, au cœur du pays sherpa. En décembre 1993, à la faveur d'un début d'hiver peu rigoureux, nous voyons arriver plusieurs de ces caravanes sur la place centrale de Namche, avec l'impression d'assister à une scène atemporelle. Des Tibétains aux airs de bandits, avec leurs bottes de peau, leurs nattes et leurs boucles d'oreilles, déchargent des yaks. Le rituel de l'installation du campement, aux gestes rodés par le temps, excite la curiosité des enfants de Namche, qui viennent agacer les bêtes. Puis le camp est finalement dressé et tous les caravaniers rassemblés sous de grandes bâches en toile arrimées aux ballots. Le lendemain, au marché, l'afflux de produits chinois — Thermos, couettes et chaussures de cuir — est remarquable. C'est ainsi que les voies de l'exploration des uns empruntent souvent les chemins coutumiers des autres...

Mais du côté de l'Everest, en 1921, tout reste à découvrir : l'équipe de Mallory jette un œil pardessus le Lho La, ce col qui domine la combe ouest de l'Everest et la chute de glace du glacier du Khumbu, empruntée aujourd'hui par tous les candidats à l'ascension de la voie normale, côté népalais. Ensuite, les alpinistes se tournent vers le col Nord et font un large détour par Kharta, avant de découvrir, depuis le haut, le chemin d'accès par le glacier oriental de Rongbuk. Merveilleux phénomène naturel que cet itinéraire qui commence par une bifurcation vers une vallée apparemment sans issue et se poursuit par d'interminables moraines, pour s'achever enfin sur un incroyable passage à sec, entre deux murailles de pénitents de glace, comme si le glacier s'écartait afin de nous laisser passer.

Mallory (à gauche) et Irvine quittent le camp du col Nord de l'Everest pour une tentative au sommet en 1922.

Et si Mallory revient déçu, dit-on, de ce même parcours, cette reconnaissance est, en 1921, un succès, et sera immédiatement suivie par une première expédition en 1922.

C'est à l'occasion de cette expédition de 1922 que sont lancées les premières polémiques au sujet de l'oxygène. Une moitié de grimpeurs (Mallory, Hinks, Longstaff) s'y oppose, une autre (Finch, Farrar, Somervell), la défend. Finch innove : il met au point des appareils à oxygène, et dispose également de vêtements en duvet, légers, dont les autres ne font cas. Le matériel s'inspire des expéditions polaires, et les premiers sacs de couchage en duvet font leur apparition. L'expédition dépasse le seuil des 8 000 mètres. Mallory et deux de ses compagnons atteignent 8 100 mètres sur l'arête nord, sans oxygène. Finch et Bruce atteignent 8 320 mètres, avec les appareils. Mallory, jusqu'alors dans le camp des réfractaires, s'en impressionne et devient convaincu de l'utilité de l'oxygène pour une dernière tentative. Celle-ci se termine en catastrophe, avec la mort de sept porteurs d'altitude, dans une avalanche sous le col Nord. Une chose reste pourtant acquise : désormais c'est avec oxygène que l'on s'attaquera aux géants.

Entre 1922 et 1924, apparaissent les questions d'argent : pour n'avoir pas suivi les conditions du contrat d'expédition qui l'obligent à donner des conférences privées Finch est écarté, et Noël, le photographe, négocie en 1922 l'achat de tous les droits photographiques et cinématographiques de l'expédition de 1924 ! Cette dernière est marquée par deux événements : le record d'altitude de 8 570 mètres battu par Norton mais, surtout, les disparitions de Mallory et d'Irvine, aperçus pour la dernière fois aux environs de 8 500 mètres. Remarquable performance malgré le drame !

La longue histoire qui lie les Anglais à l'Everest doit, désormais, s'interrompre, car les Tibétains n'apprécient guère les maladresses commises à leur égard.

Mallory et Norton atteignent 8 225 mètres sans oxygène sur l'arête du col Nord de l'Everest lors de l'expédition britannique de 1922.

Le versant tibétain de l'Everest (8 848 mètres) est moins souvent gravi que le versant népalais car son ascension oblige les alpinistes à séjourner plus longtemps en haute altitude. Au premier plan, le glacier de Rongbuk.

Durant neuf années, les Anglais doivent laisser la place, perdant ainsi leur suprématie. Neuf années qui permettent aux Allemands de s'affirmer...

En Himālaya, chaque pays a ses montagnes, sur lesquelles il semble s'être acharné : l'Everest pour les Anglais dans les années 20, le Nānga Parbat et le Kangchenjunga (8 600 mètres) pour les Allemands dans les années 30. La richesse des personnalités et la diversité des styles sont autant de conceptions de l'himalayisme : Bauer, Dyhrenfurth, Merkl pour les Allemands, Shipton, Smythe pour les Anglais.

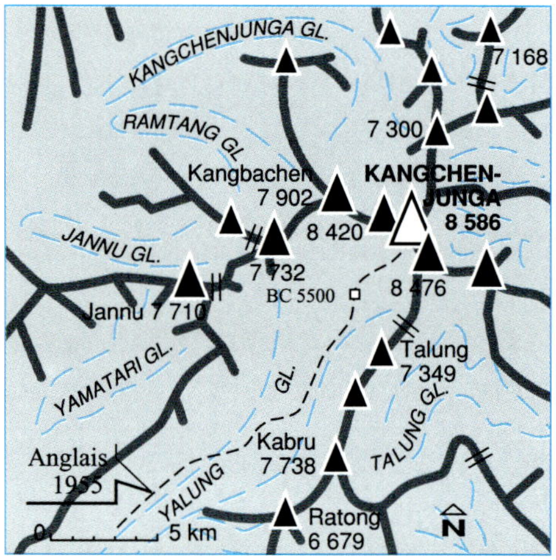

En 1929 et 1931, Bauer s'acharne sur le Kangchenjunga, avec un sens incomparable de l'organisation, de la constitution et de la cohésion d'un groupe. Soutenu par l'Alpenverein, il entend pourtant bien être le seul maître à bord, il sait réunir des équipes compétentes et a sur elles une réelle autorité. En 1929, son expédition atteint 7 200 mètres, sur le difficile versant nord, le seul dont l'accès est possible par le Sikkim. Structurés en expédition lourde, les grimpeurs utilisent cependant très peu de cordes fixes. En 1931, l'équipe de Bauer atteint 7 700 mètres, mais perd, en cours d'expédition, deux de ses membres. En 1936, il y retourne pour réaliser l'une des plus belles réussites de cette période, l'ascension du Siniolchu, 6 889 mètres, dans le massif du Kangchenjunga, un modèle de technique alpine : trois alpinistes, aucun porteur d'altitude, une escalade difficile, des bivouacs semblables à ceux des Alpes. Bauer n'atteint pas personnellement le sommet, mais ce succès lui revient aussi.

Entre-temps, Dyhrenfurth tente aussi l'ascension du Kangchenjunga, en 1930, en passant par le Népal pour atteindre le versant nord-ouest. Sans succès. Smythe, qui participe à cette expédition, réussit l'année suivante le Kāmet (7 758 mètres). Celui-ci restera longtemps encore le plus haut sommet gravi. Écarté de la direction de l'expédition anglaise à l'Everest en 1933, il déplaît par son professionnalisme à l'institution. On lui reproche de vivre de la montagne, en publiant plus d'une vingtaine de livres de vulgarisation. C'est au cours de cette expédition qu'est retrouvé un piolet, dernière trace de Mallory et Irvine. Les autres tentatives anglaises d'avant-guerre ne sont guère plus chanceuses mais permettent à Shipton de satisfaire ce qui est, sans doute, son plus grand plaisir : l'exploration. En 1935, avec Bill Tillman, c'est vingt-six sommets de plus de 6 000 mètres qui tombent.

Shipton a donné son nom au Shipton Pass, sur la marche d'approche du Makālū où nous sommes au printemps 1993. « C'était au Shipton Pass, après une montée au milieu des rhododendrons géants, une forêt rose sur fond de neige ; à 4 200 mètres l'environnement de froid et de neige, dans lequel nous nous sommes brusquement trouvés projetés, a fait de ce passage l'entrée dans un autre monde. Nous accédions à la haute vallée du Barun directement issue du Makālū, un balcon isolé du monde.

Quelques minutes avant d'arriver au col, j'essayais d'imaginer quel pouvait être le sentiment de Shipton dans l'attente de ce qu'il découvrirait au-delà, quelle vallée, quel enchevêtrement de reliefs. Est-ce bien là qu'on veut arriver ? Bien sûr, aujourd'hui ces passages sont très connus. Néanmoins, la cartographie en est approximative et de peu de secours : c'est encore le déroulement linéaire de la marche qui en impose la perception. Nous sommes avec des hommes qui connaissent ces chemins et les lieux propices au bivouac, nous sommes à chaque fois, pour notre propre compte, dans la découverte. »

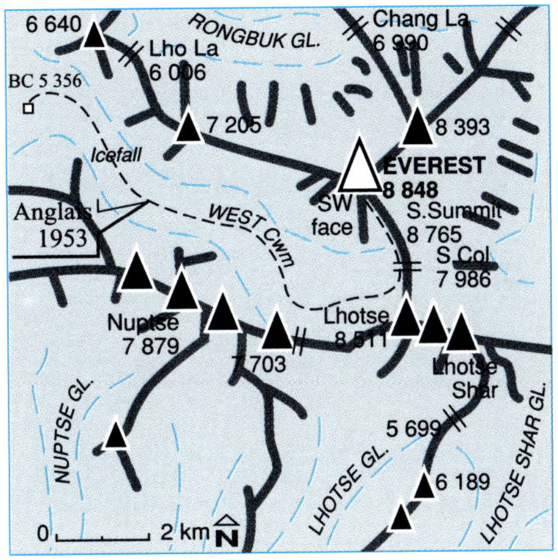

Merkl, lui, ouvre la série du Nānga Parbat (8 125 mètres), qui va donner à cette montagne sa réputation de mangeuse d'hommes, et en faire le support idéal des valeurs de l'Allemagne nazie. La première expédition de 1932 permet de trouver ce qui sera la voie d'ascension. Mais les expéditions suivantes ne sont qu'une succession de catastrophes : en 1934, les 7 700 mètres sont atteints, mais quatre Allemands et dix Sherpas périssent à la fin d'une longue tempête en haute altitude. L'histoire de l'himalayisme connaîtra, hélas, d'autres tragédies du même genre, comme celle du K2, en 1974. En 1937, deuxième drame sur le Nānga Parbat : une avalanche tue sept Allemands et neuf Sherpas.

Le nationalisme allemand connaît des heures triomphantes à l'époque, on ne le sait que trop. Personne ne veut mourir, mais, parfois, certaines interrogations ont lieu de subsister quant à la manière d'aborder la montagne. Hartmann écrit lors de l'expédition de 1937 :

« Laissons agir la douleur et le froid
Je remplirai le serment que je dois
Et qui brûle comme des branches enflammées
Par le cœur, les mains et l'épée.
Qu'importe le projet que le destin caresse ?
Allemagne pour toi je me dresse ! [...]

Ces vers ont été repris par le Führer dans son discours sur le sport. Depuis, ils n'ont plus jamais quitté mon esprit. »

Les Français, eux, font une tentative sur le Hidden Peak (8 068 mètres). Ils atteignent 7 070 mètres sans drame et avec un bon esprit d'équipe, surpris cependant par une mousson précoce. Henri de Ségogne dirige, Pierre Allain et Marcel Ichac sont de la partie. Cette expérience de l'altitude sert indéniablement à ce dernier, ainsi qu'à tous ceux de l'expédition de 1950 à l'Annapūrnā.

Des alpinistes ont déjà dépassé les 8 000 mètres, mais aucun des sommets n'est encore vaincu. Pourtant, on s'en approche de plus en plus. Smythe a fait ses preuves sur le Kāmet, Dick Bursdall a gravi le Minya Konka (7 587 mètres) en Chine. En 1936, c'est une expédition anglo-américaine qui s'octroie le record du moment : la Nanda Devi avec ses 7 816 mètres. Expédition sympathique, rassemblée à l'initiative de Charles Houston, et renforcée par la présence de Britanniques expérimentés, dont Tilman, qui connaît déjà la région pour s'y être rendu avec Shipton. Henri Adams Carter, qui faisait partie de cette équipe, est aujourd'hui un personnage âgé, à qui l'on ne manque pas d'adresser les comptes rendus d'expéditions afin qu'il puisse les faire publier dans la bible de l'expéditionnaire — l'*American Alpine Journal*. Ce dernier est une publication annuelle, dans laquelle on peut trouver tous les récits des expéditions se déroulant sur des montagnes lointaines. Carter accuse toujours réception par un court message, aimable et distingué, qui donne envie de le rencontrer et de retrouver grâce à lui un peu de la saveur désuète d'autrefois.

L'ascension de la Nanda Devi, en 1936, est une histoire pleine d'anecdotes et de surprises agréables : une bonne entente, pas de chef officiel — excepté au moment de la tentative finale où l'équipe entière éprouve le besoin de coopter Tilman —, des alpinistes qui préfèrent cacher le nom des vainqueurs afin de mieux souligner le succès de l'équipe. Une expédition heureuse, en somme.

L'himalayisme bégaie quelque peu à l'approche de la guerre. En 1938, Smythe et Shipton se retrouvent, avec d'autres alpinistes, sous la direction de Tilman, pour la dernière tentative anglaise sur l'Everest avant la guerre. Ils atteignent 8 290 mètres. La même année, ainsi que la suivante, les Américains tentent, à deux reprises, le K2. Houston dirige la première expédition, très soudée, et veille à ne pas engager les sherpas dans des difficultés qu'ils ne maîtrisent pas techniquement. Le K2 par l'arête des Abruzzes est une ascension difficile. Les grimpeurs atteignent 7 400 mètres, après avoir franchi l'un des passages clés de la voie, connue aujourd'hui sous le nom de cheminées House. Ils ont la prudence de faire demi-tour avant que l'épuisement et la fatigue ne se conjuguent et n'aboutissent au drame. En 1939, c'est Fritz Wiessner qui dirige une expédition moins compétente, moins soudée. Manque de vigilance et d'expérience, erreurs d'organisation, le bilan de l'expédition est désastreux. Grimpeurs et sherpas y laissent leur vie.

Les expéditions légères n'ont pas perdu leurs droits et plusieurs alpinistes s'illustrent en différents lieux : le Suisse André Roch dans le Garhwal, l'Anglais Spencer Chapman sur le Chomo Lhari (7 314 mètres), au Bhoutan, avec un compagnon et trois sherpas. Une expédition devient l'une des plus extraordinaires aventures humaines vécues par un alpiniste : une petite équipe allemande s'attaque au versant Diamir du Nānga Parbat, ne va pas beaucoup plus haut que Mummery, mais se fait une idée juste de l'itinéraire qui sera repris plus tard. Parmi eux, un jeune alpiniste brillant, Heinrich Harrer. La guerre éclate, tous sont faits prisonniers par les Anglais. Toutefois, Harrer et un compagnon parviennent à s'échapper. Harrer trouve refuge au Tibet, devient précepteur auprès du dalaï-lama et se fait ainsi l'un des rares témoins occidentaux du passé de ce pays, avant l'invasion chinoise de 1959. *Sept Ans d'aventures au Tibet* est son récit de cette incroyable épopée en marge de

Le Potala, palais du dalaï-lama dans la plaine de Lhassa, tel qu'a pu le voir Heinrich Harrer. Ce dernier tentait l'ascension du Nānga Parbat lorsque la guerre a éclaté. Pour échapper aux Anglais, il s'est réfugié au Tibet où il est devenu le précepteur du dalaï-lama.

Moines tibétains écoutant de la musique sur un tourne-disque apporté par un étranger. Cette scène insolite a été photographiée avant 1959, année de la fuite du dalaï-lama pour l'Inde.

L'altitude constitue la grande inconnue dans les ascensions. Ici Edmund Hillary et Tensing Norgay, les deux grands vainqueurs de la première ascension de l'Everest en 1953, lors de leur tentative sur l'arête sud-est.

la guerre. Plus tard, Harrer reviendra au Tibet et consignera ses désillusions dans un second livre, *Retour au Tibet*.

L'altitude de 8 000 mètres avait déjà été dépassée à plusieurs reprises, mais, curieusement, aucun sommet de 8 000 mètres n'avait été atteint. Malchance ? Barrière psychologique ? Obsession des géants ? Manque de connaissances des lieux et de l'altitude ? Aujourd'hui encore, un alpiniste visant les plus hauts sommets de la terre doit d'abord se fixer des objectifs accessibles, et apprendre progressivement l'altitude, tout en ayant la satisfaction de réussir ce qui représente un tremplin pour les objectifs ultérieurs.

A moins que cette altitude fatidique ne soit plus facile à atteindre sur les flancs d'une montagne beaucoup plus élevée, comme c'est le cas de l'Everest, que sur les derniers mètres d'un sommet... En effet, les derniers pas sont souvent les plus pénibles, ils sont également ceux où la perspective de la réussite et le désir d'arriver, enfin, peuvent conduire à des erreurs d'appréciation.

C'est seulement après la guerre qu'un sommet de 8 000 mètres est atteint, alors que l'altitude l'avait déjà été lors de diverses tentatives sur l'Everest. Ici Hermann Buhl au Broad Peak (8 047 mètres), dans le Karakorum.

Les années 50 : décennie des 8 000

Au sortir de la guerre, les alpinistes ont tout en main pour pouvoir enfin fouler les sommets de plus de 8 000 mètres. On connaît mieux les dangers de l'altitude, les différentes tactiques ont été expérimentées, de la plus audacieuse à la plus structurée, l'exploration fait mieux connaître la géographie de l'Himālaya. Une partie des hommes qui ont permis ces avancées sont toujours en vie et se chargent de passer le témoin. Sont ainsi présents Shipton, Tilman, Houston,

Lambert, dans les grandes et très fameuses expéditions des années 50.

En dix ans, treize des quatorze 8 000 « tombent ». Le Xixabangma attendra 1964, non parce qu'il présente des difficultés particulières, mais parce que les Chinois comprirent rapidement que pour s'assurer la primeur d'un sommet il fallait en interdire l'accès aussi longtemps que nécessaire.

C'est, à de rares exceptions près, le triomphe des expéditions lourdes, reposant sur l'organisation, une solide motivation nationaliste, la coopération de tous les membres, et de bonnes équipes de sherpas et l'autorité des chefs : John Hunt sur l'Everest en 1953, Ardito Desio au K2 en 1954, Karl Herrligkoffer sur le Nānga Parbat en 1953. Les personnalités des alpinistes sont écrasées dans la machine logistique, ce qui ne convient pas à tout le monde, car on aspire à secouer le carcan de la discipline militaire.

Edmund Hillary et Tensing Norgay, l'un néo-zélandais, l'autre sherpa, après leur victoire à l'Everest en 1953.

Bonatti revient frustré du K2. Il estime qu'il n'a pas été utilisé à sa juste valeur et qu'il aurait dû faire partie de la cordée choisie pour le sommet. Au retour, il a sans doute la rage au cœur lorsqu'il réussit la première ascension du pilier ouest des Drus. Déçu par ses pairs, il le sera encore et finira par quitter l'alpinisme avec éclat, ouvrant en solitaire la voie de la face nord du Cervin.

Hermann Buhl, lui, devient, en réussissant seul le Nānga Parbat, une légende de l'himalayisme. Alors que l'organisation de Herrligkoffer se délite, et que le chef ne sait pas conserver son autorité sur les grimpeurs, Buhl part en solitaire et transforme en succès une expédition qui court à l'échec. Malgré ces ratés, le modèle même de l'expédition lourde n'est pas remis en cause, car il marche.

Les géants cèdent à la pression des équipes organisées. Le Makālū devient, en 1954, une montagne « française », et Lucien Devies dira de l'expédition qu'il a su brillamment conduire au succès, grâce à la participation des meilleurs du moment : « La montagne a été escaladée avec la rigueur d'une démonstration. » Evans aurait pu dire la même chose de l'ascension du Kangchenjunga par son équipe, en 1955.

En 1956, le Manaslu (8 157 mètres) est gravi par des Japonais, le Lhotse (8 153 mètres) par les Suisses, ainsi que le Gasherbrum II (8 034 mètres) par les Autrichiens. Les Américains réussissent le Gasherbrum I en 1958, les Autrichiens, le Dhaulāgiri en 1960. La réussite du Cho Oyu, en 1954, par Tichy et ses sherpas, de même que celle du Broad Peak en 1957 par l'équipe de quatre Autrichiens menés par Hermann Buhl sont le fait d'équipes plus légères et plus audacieuses.

Rencontrer un acteur de cette période est toujours une grande émotion. Edmund Hillary est un vieux monsieur respectable, de grande classe ; Tensing Norgay n'est, hélas, plus là pour l'accompagner, mais les deux hommes sont sûrement les alpinistes les plus célèbres du monde. Chris Bonington écrit avec justesse : « Les premiers hommes qui ont atteint le sommet du monde. Peu de constatations sont

Vue aérienne des deux principales faces de l'Everest : au soleil la face sud-ouest, à l'ombre la face nord.

aussi simples et aussi chargées de signification. » Maurice Herzog est encore bien présent dans la vie française, il a conquis d'autres Annapūrnās. Beaucoup sont morts cependant. Et parmi ceux qui sont encore en vie, tous ont choisi de donner à leur existence une orientation nouvelle. Tous, sauf un : Kurt Diemberger, qui a continué, inlassablement, à courir les sommets du monde après avoir participé aux expéditions des précurseurs. Kurt, alors très jeune, est au Nānga Parbat, lorsque Buhl le gravit en solitaire. Il réussit la première ascension de deux 8 000, le Broad Peak et le Dhaulāgiri. Depuis, il n'a pas arrêté de partir à la découverte de nouveaux sommets, de les filmer et d'y monter, tout comme il n'a eu de cesse de participer à des expéditions qui le sollicitaient, puisqu'il était le seul à connaître telle ou telle vallée reculée. Insatiable, il filme au sommet de l'Everest en 1974. Son expérience est immense, il a connu le meilleur et le pire. Il a vu la trace de Buhl se perdre à travers une corniche sur l'arête du Chogolisa. Il en garde la certitude que, quoi qu'il arrive, il n'y a aucune raison pour moins s'encorder dans l'Himālaya que dans les Alpes. C'est pourtant ce qui arrive bien souvent, sur les glaciers que la trace ne rend pourtant pas inoffensifs, ou bien à ces altitudes, qu'il est si tentant de faire chacun pour soi. En 1986, il survit au K2 à une des plus grandes tragédies de l'Himālaya, mais y perd son amie et collaboratrice Julie Tullis. *K2, rêves et destin* relate ces journées terribles, avec la minutie et la lucidité de celui qui a besoin de tout comprendre pour continuer à vivre, de disséquer l'enchaînement des faits mineurs qui, tous ensemble, ont conduit à la mort de treize des meilleurs alpinistes du monde, et à sa survie. On apprend beaucoup de ce récit, la vigilance, l'interprétation des faits et des signes, le moment où il est trop tard pour éviter le pire.

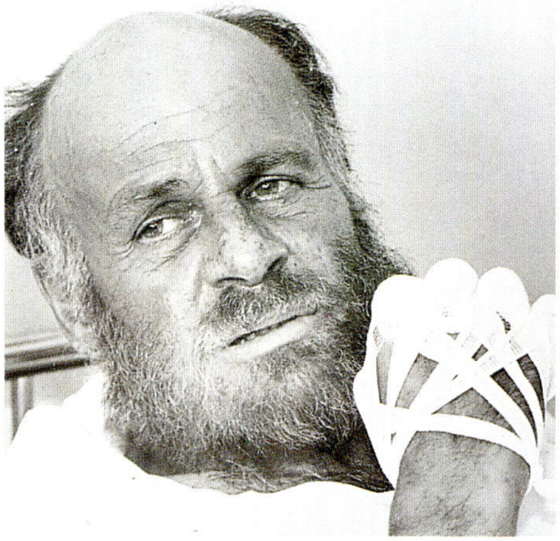

Kurt Diemberger est sans nul doute un des himalayistes les plus assidus ayant à son actif l'ascension d'un grand nombre de 8 000. Il est notamment parti filmer au sommet de l'Everest en 1974, et a survécu à l'une des tragédies de l'Himālaya (ci-contre) en 1986, au K2.

Face à la conquête obsessionnelle des 8 000, l'heure n'est pas encore aux ascensions difficiles en altitude. Pourtant, en 1954, des Français montrent le chemin, en ouvrant la face sud de l'Aconcagua. Une équipe, plus que solide, une tactique de type himalayen, avec des cordes fixes et des camps intermédiaires, puis la décision de se lancer, comme dans les Alpes avec une suite de bivouacs. L'Aconcagua est sévère, avec ses froids intenses, ses vents terribles et ses changements brutaux. Plusieurs membres de l'équipe voient leur carrière interrompue par des amputations à la suite des gelures.

C'est seulement à l'approche des années 60 que, faute de sommets nouveaux à gravir, l'attrait pour les 8 000 faiblit quelque peu. On se tourne alors vers « les plus belles montagnes du monde » : le Gasherbrum IV, la Tour de Mustagh, l'Ama Dablam, le Jannu. Toutes ces montagnes, dont la beauté rivalise avec celle du Cervin et dont la difficulté se conjugue avec l'altitude, avaient écarté les alpinistes jusqu'alors. Ce sont des expéditions techniquement fortes, utilisant au mieux les possibilités de la tactique himalayenne. En 1958, Bonatti

Il faudra encore quelque temps après la victoire de Tensing Norgay au sommet de l'Everest (ci-contre) pour que des Sherpas gravissent d'autres sommets de 8 000 mètres.

et Mauri s'octroient le Gasherbrum IV alors que deux équipes concurrentes, l'une française et l'autre anglaise, réussissent la Tour de Mustagh (7 282 mètres). L'Ama Dablam, qui est au monastère de Thyangboche ce que le Cervin est aux chalets de Zermatt (les boîtes de chocolat en moins), est gravi en 1961, par une équipe dirigée par Edmund Hillary. Le Jannu réussit aux Français qui signent en 1962 une magnifique victoire : de forts grimpeurs, capables de conjuguer leurs efforts, gagnent à l'aide de cordes fixes un sommet par une voie difficile. C'est un modèle de succès que l'on reproduira encore, avant de redécouvrir les vertus de la légèreté.
L'innovation gagne aussi progressivement les 8 000. Certains pensent que l'avenir est aux grandes traversées, et, en 1963, Hornbein et Unsoeld accomplissent l'incroyable performance de traverser l'Everest, ouvrant à cette occasion le grand couloir de la face nord. Mais, pour l'heure, l'intérêt réel pour les 8 000 s'estompe un peu, et ne resurgit qu'au moment où les alpinistes peuvent envisager d'y ouvrir des itinéraires difficiles. En outre, les conflits indo-pakistanais, et indo-chinois, de 1965 à 1970, interdisent pour un moment l'accès aux pays himalayens.

Grandes faces : leaders et individus, 1970

A partir de 1970, l'himalayisme évolue dans deux directions. Dans la tradition des grandes expéditions, des équipes fortes affrontent des itinéraires très techniques, en utilisant, plus ou moins systématiquement, les cordes fixes. Ailleurs, on commence à redécouvrir que la rapidité peut être un facteur de sécurité et de réussite. C'est le retour de la cordée ou du solo comme dans les Alpes, sur des itinéraires de difficultés différentes.

Quelques grands leaders de l'âge d'or de l'himalayisme sont encore présents : Norman Dyhrenfurth, Karl Herrligkoffer. Une nouvelle génération apparaît, plus apte à diriger des grimpeurs qui n'ont plus aucune intention de se plier à une discipline de type militaire. C'est ainsi qu'en 1970 Chris Bonington dirige l'équipe qui réussit la face sud de l'Annapūrnā. Il avait réussi, en 1960 et 1961, l'Annapūrnā II (7 937 mètres) et le Nuptse (7 879 mètres), montrant déjà un goût précoce pour ce qui ne se faisait pas, puisqu'alors il était de bon ton de regarder au-dessus de 8 000. En 1975, l'ascension de la face sud-ouest de l'Everest représente et symbolise, pour Chris Bonington, la consécration de l'efficacité d'une conception et d'un chef.

En 1971 aussi, la bonne entente règne au sein de l'équipe française, qui ouvre le pilier ouest du Makālū. Ce pilier, que nous avons tenté ensemble en 1993, est une ligne exceptionnellement belle, logique... et peu dangereuse, ce qui est rare en Himālaya. Après avoir dépassé le pierrier qui conduit au début de l'arête des Jumeaux, aucun endroit ne déçoit, la perspective de ce pilier est naturelle, attirante, et laisse des images uniques.

« Un mois et demi : des moments d'excitation, la puissance des paysages, la conscience qu'une perspective se creuse, le plaisir de se sentir à sa place ; des moments de découragement, le rappel de notre fragilité. Largement de quoi faire s'éteindre la motivation comme s'usent des piles, cela arrive quelquefois. Pourtant... Cet après-midi-là, la neige tombe, comme tous les après-midi, mais cette fois elle est lourde et chaude, son bruit bien différent sous la toile de tente, et elle s'accumule rapidement autour de nous. Depuis quelques jours, les signes d'une arrivée précoce de la mousson se multiplient, mais nous voulons croire à un sursis. Dès les premiers flocons, ce 24 mai, je me trouve plongé dans une sorte de déprime sourde et lourde de déception. Cette tentative s'achève donc au bivouac à 7 400 mètres, alors que nous avons, au cours des montées précédentes, parcouru et équipé la voie jusqu'à 7 650 mètres. Au-delà de quelques longueurs d'escalade encore nécessaires nous attend un terrain plus facile bien qu'encore très long. »

Reinhold Messner est le protagoniste de l'himalayisme contemporain : il est le premier à avoir gravi un sommet de 8 000 mètres en style alpin puis, quelques années plus tard, en solitaire.

D'autres équipes n'arrivent pas à s'entendre, mais leur échec sert de tremplin à des individus. Herrligkoffer avait, involontairement, fabriqué le mythe Buhl ; il fabrique tout aussi involontairement le mythe Messner, en 1970. Nānga Parbat, versant Rupal : Reinhold part en solitaire, du moins le croit-il (était-ce une affection qui touchait particulièrement les membres des expéditions dirigées par Herrligkoffer ?), car son frère Günther le talonne, ils réussissent tous les deux. Puis, soudain, ils se trouvent contraints de descendre le versant Diamir. Reinhold ne reverra plus jamais Günther. C'est la première expérience en Himālaya pour

Reinhold Messner au sommet du Cho Oyu (8 154 mètres) avec Kamerlander, un de ses compagnons.

Reinhold, mais elle est également celle de la mort d'un frère aimé, celle aussi de la certitude de ses propres capacités de survie. C'est aussi, de manière tragique et spectaculaire, la transition entre la logique des groupes et celle des individus en Himālaya. En 1972, il termine seul l'ascension de la face sud du Manaslu, alors que l'équipe autrichienne, qui l'avait accompagné un temps, perd deux alpinistes, dans des conditions que certains reprochent à Messner. Apprécier les décisions, les responsabilités ou les erreurs sur-le-champ s'avère particulièrement délicat. Les juger, après les événements, est inutile. Avec cette expérience, Messner est convaincu qu'il est plus sûr d'agir en équipe réduite.

Redécouverte de l'expédition légère

Messner, qui avait fait le tour de ce qu'il attendait des Alpes, marque de son empreinte l'himalayisme. C'est en 1975 qu'il inaugure l'ascension modèle : gravir, en style alpin, la face nord-ouest du Gasherbrum I (8 068 mètres) avec Peter Habeler, le compagnon idéal.

Durant ces années, beaucoup d'ascensions sont possibles en cordée de deux, avec un équipement minimal. On sait qu'un excellent acclimatement aux altitudes modérées permet d'aller très vite et d'éviter les longs séjours en altitude durant lesquels on ne récupère pas. A cette époque, les pays de l'Est font une apparition en force sur la scène himalayenne. Ils bénéficient d'une grande expérience des hivernales, d'une bonne rusticité, de la capacité à mettre leurs efforts en commun dans une équipe... et, sans doute, d'une motivation à

L'alpinisme polonais a connu des heures de gloire. Wanda Rutkiewicz (à gauche) a gravi six sommets de 8 000 mètres avant de disparaître dans le versant nord du Kangchenjunga en 1992. Jerzy Kukuczka (à droite) a gravi en 1987, le dernier des quatorze 8 000 de la planète.

laquelle la triste situation de leur vie quotidienne n'est pas étrangère. Partir en Himālaya n'est possible qu'à l'issue d'un parcours ascensionnel qui révèle l'élite sportive du pays. Dans les régimes communistes, le sport ouvre bien des portes. Celles des frontières, entre autres. Et l'Himālaya, pendant six mois de l'année, peut apparaître comme une fuite. Les Polonais se distinguent dans des ascensions hivernales, telles celles de l'Everest en 1980 et du Cho Oyu, en 1985. La première femme qui fréquente assidûment les grands sommets est polonaise : Wanda Rutkiewicz gravit six 8 000 à partir de 1975, mais disparaît, hélas ! dans le versant nord du Kangchenjunga en 1992. Les Soviétiques viendront après 1980, et réussiront la face sud de l'Everest en 1982, la traversée du Kangchenjunga en 1989, la face sud du Lhotse en 1990. Le concurrent de Messner dans la course aux 8 000 est polonais : Jerzy Kukuczka a gravi le dernier des quatorze sommets en 1987, un an après Messner, en ayant réalisé exclusivement des ascensions difficiles.

Cette course aux 8 000 n'est pas pratiquée par tous : Kurtyka, qui a été le compagnon de Kukuczka, s'en est éloigné dès lors qu'il a trouvé trop dangereuse l'obsession des quatorze sommets. Kurtyka, de son côté, préfère réaliser des voies plus exceptionnelles. Sur la face est du Dhaulāgiri en 1979, au Gasherbrum IV en 1985, à Trango en 1988.

Les Britanniques ont pris, eux aussi, dès 1975, des chemins différents en choisissant des voies très difficiles sur des sommets moins hauts. La démarche d'un Messner convient mal, par son systématisme,

Les Britanniques délaissèrent un temps la course aux 8 000 pour des voies techniquement plus difficiles mais situées sur de moins hauts sommets. Chris Bonington (à gauche) et Doug Scott (à droite) sont deux représentants de cette école.

à l'esprit britannique ; Chris Bonington l'exprime à sa manière : « Messner est collectionneur. De photos, d'art bouddhiste, de livres, de sculptures, de minéraux. Et de montagnes. Comme tout mordu de cette pratique, il doit amasser des collections aussi complètes que possible. C'est certainement pourquoi au fil des ans il a tranquillement aligné une petite collection annexe des points culminants des divers continents, mais n'a jamais manifesté d'intérêt pour les 7 000. Il y en a trop. »

Après avoir exploré les lieux, les Britanniques explorent les stratégies. En 1976, Peter Boardmann et Joe Tasker utilisent la technique alpine absolue, dans la face ouest du Changabang (6 864 mètres), de même qu'Alan Rouse, Rab Carrington et Brian Hall, en 1978. En 1979, Boardmann et Tasker, avec Doug Scott, préfèrent une technique alpine pragmatique — juste ce qu'il faut d'assistance — dans la face nord du Kangchenjunga.

La légèreté s'affirme, effaçant progressivement le modèle de l'expédition lourde. Les réussites foisonnent : une nouvelle barrière est tombée. Quelques Français s'illustrent, au K2, au Nānga Parbat, par des ascensions express qui s'appuient sur une solide logistique. Sur l'Everest en 1988, Marc Batard fait une performance retentissante. Les exploits riment désormais avec vitesse. En 1986, Jean Troillet et Erhard Loretan grimpent au sommet de l'Everest en trente et une heures par le couloir Hornbein de la face nord, et redescendent en trois heures et demie ! L'himalayisme est mûr pour le solo, et le Slovène Tomo Cesen vient bouleverser la scène. En 1989, il réalise en solitaire et dans un temps record l'ascension d'une voie nouvelle dans la face nord du

Jannu (7 710 mètres) et, l'année suivante, la face sud du Lhotse. Cette performance est mise en doute, notamment en France, par le Groupe de haute montagne qui reproche à Cesen de ne pas pouvoir prouver ses ascensions. Quelle est la part de l'incrédulité, de la jalousie dans ce genre de réactions ? Évidemment, ces ascensions sont époustouflantes et font exploser les normes du possible. Est-ce une raison pour les considérer comme mythiques ? C'est une question de principe : la parole de l'alpiniste fait-elle foi ou non ? En l'absence de toute preuve, doit-on, *a priori*, faire confiance ? Personne n'a encore avancé de preuve formelle montrant que Cesen n'aurait pas fait ce qu'il prétend. Même si la contestation de l'exploit de Cesen n'a pas dépassé le stade de la rumeur, elle a suffi à le mettre dans une situation plus que difficile, voire délicate. Dans quel but ? Qui peut sortir grandi d'une telle affaire ?

Pierre Béghin, quant à lui, prend la précaution de laisser un altimètre au sommet du Kangchenjunga (8 586 mètres), lors de son ascension, en 1983. Il est le premier Français à gravir un 8 000 de cette difficulté, en solitaire. Peut-être une aimable rumeur aurait-elle pu également mettre en doute son succès, s'il n'avait pas pris cette précaution ?

Face ouest du Manaslu, éperon sud du Dhaulāgiri, face nord du Jannu, face sud du Makālū, arête nord-ouest du K2 : un palmarès qui fait de Pierre un grand, un très grand, dont l'expérience est cimentée par la réussite, bien sûr, mais également par des tentatives qui n'ont pu aboutir. Sa mort, en 1992, dans la face sud de l'Annapūrnā, met les alpinistes français en état de choc. Les cicatrices de la perte d'un des rares à savoir réellement parler de la haute altitude sont indélébiles.

Pierre Béghin dans les pentes sommitales du Jannu (7 710 mètres). La première ascension de ce sommet est réalisée en 1962 par une expédition française dont Lionel Terray et René Desmaison faisaient partie.

DEUX EXPÉRIENCES POUR UN SOMMET

Catherine Destivelle et Érik Decamp sur l'arête du Makālū (8 481 mètres) lors de leur tentative en 1993. C'est la cinquième plus haute montagne du monde qui se dresse dans l'Himālaya du Népal.

Le Mont-Blanc étale sa splendeur derrière le vert tendre du tapis de rhododendrons. Nous sommes en VTT, sur la piste qui monte de Saint-Gervais au Prarion. Depuis la fin du printemps, nous nous efforçons d'avoir une activité physique quotidienne modérée. Nous avons choisi le VTT, parce que nous croyons qu'il se prête efficacement à la préparation dont nous avons besoin : il faut des jambes, du souffle et de la concentration. De plus, son côté ludique n'est pas pour nous déplaire et nous découvrons toutes sortes de chemins. Nous savons qu'il faut acquérir un fond solide pour être fin prêts, et qu'il est inutile de trop forcer, de saturer et d'arriver fatigués. Cette base, nous la complétons en grimpant de temps à autre, rien de bien intensif. De toutes façons, nos activités respectives ne nous le permettent pas vraiment. Nous allons un peu en montagne. La préparation d'une expédition occupe énormément l'esprit, prend beaucoup de temps pour réaliser, finalement, un

objectif. Six mois avant le départ, il faut s'occuper de sa forme physique, même lorsqu'on s'entraîne régulièrement.
Sur le plan alimentaire, nous n'avons pas vraiment une âme d'ayatollah, et nos goûts nous protègent des excès. Or, en montagne, il faut aussi savoir manger ce qui est proposé. Au camp de base, on fait au mieux, mais ce n'est pas toujours le régime idéal. Il paraît que Desmaison engloutissait des steaks avant ses grandes hivernales ; on se donne les excuses que l'on peut !
Le mont Blanc, à notre porte, nous permet de nous acclimater à l'altitude. Mais nous savons que notre entraînement, indispensable, restera toujours insuffisant pour la très haute montagne et ne nous dispensera pas de la plus grande prudence, au cours de notre acclimatation dans l'Himālaya. Nous sommes incapables de pratiquer l'effort pour l'effort, il nous faut un but : l'Annapūrnā. Il est la raison même de toute cette énergie dépensée pour les préparatifs. C'est fou tout ce à quoi l'on pense lorsque l'on est en pleine activité, les esprits deviennent prolixes ! Nous avons vécu, l'un et l'autre, des choses très différentes en montagne et nos expériences se complètent bien. En alpinistes chevronnés, nous nous faisons mutuellement confiance. Nous avons beaucoup réfléchi à ce que nous sommes prêts à accepter pour la réussite d'un projet en montagne : nous avons les mêmes garde-fous. Nous sommes aussi horrifiés l'un que l'autre à l'idée de considérer qu'un sommet vaut bien une phalange ou deux. En altitude, les décisions se prennent plus avec les réflexes qu'avec la réflexion : c'est vrai pour tous les gestes de sécurité, ça l'est aussi pour l'exercice de la vigilance. Le seul véritable échec serait de ne pas revenir entiers.
L'expérience est un sédiment dont les couches se sont déposées d'année en année, d'ascension en ascension. Vingt ans d'expérience...

CATHERINE DESTIVELLE

Dès son plus jeune âge, Catherine Destivelle a pratiqué l'alpinisme qu'elle a laissé tomber un moment pour l'escalade, le temps de devenir la meilleure grimpeuse du monde.

Enfant, je voulais être bergère. Inspirée par *Belle et Sébastien*, *Heidi*..., je désirais cette vie proche de la nature, au milieu des animaux. Mes parents louaient dans un petit village suisse, Grimenz, un chalet en bois au milieu des pâturages. Mes sœurs et moi, nous ramassions des fleurs, ça sentait l'odeur de la vie, le feu de bois et la bouse de vache, un parfum que j'adore. Avec les parents, on se promenait au bord des lacs jusqu'à un refuge.
Quand j'ai commencé à grimper, pareille à un animal, c'était pour retrouver ces premières sensations. Même encore aujourd'hui, des bouffées anciennes reviennent et me rassurent. Ce goût de la montagne est un cadeau que mes parents m'ont offert. Un super cadeau !
J'ai changé, évolué, je voyage... N'empêche qu'à chaque retour en moyenne ou haute montagne, la même excitation me bouleverse année après

année. Cette montagne nature est un être vivant. Elle a une âme, un caractère, elle vit. Là-haut je suis libre ! Pas une folle qui court partout. La montagne est plus forte que moi, à moi de m'adapter à ses humeurs.

Les alpinistes prennent la paroi ou les montagnes pour des femmes. Moi, non. La montagne n'est pas un homme. On a même dit et écrit que le rocher était mon amant ! Jusqu'où va l'interprétation ! Non, ce n'est pas ce que je recherche ; la haute montagne n'a rien d'humain, elle me rassure, elle me protège, elle ne bouge pas.

Retour à la montagne pour Catherine Destivelle. Le massif du Mont-Blanc reste un cadre où elle a réussi de nombreux exploits. Ici les clochetons de Planpraz et au fond le mont Blanc.

La première fois que j'ai utilisé une corde, c'était à Grimenz dans une forêt réputée pour la férocité de ses loups. Le grand rocher qui me paraissait immense m'apparaîtrait sûrement bien petit si je le voyais aujourd'hui. Un ami de mon père nous assurait : on descendait en rappel et ensuite on grimpait. Tout le monde, papa, mes sœurs... Un petit film témoigne de l'exploit. Ma première ascension, je l'ai faite à Chamonix : l'Index, avec le copain de mon père, comme de vrais alpinistes. J'avais dix ans et le harnachement complet : knickers, chaussettes rouges, petit pull, chaussures de marche et sac à dos. Tout est parti de là. Chamonix, pour moi, c'était la grande montagne, la vraie montagne. D'abord on a pris le téléphérique et ensuite on a marché vingt minutes. Quel doigt ! Impressionnant. Jamais de ma vie je n'avais grimpé sur un truc aussi haut. J'étais excitée. Le copain de mon père est parti en tête. Il nous a encordés, je me suis concentrée pour bien grimper. Ce qui était nouveau, c'était la hauteur, ça faisait peut-être 200 ou 300 mètres. Je m'appliquais pour ne pas me faire aider de la corde. Assez étonnée, j'ai trouvé l'ascension relativement facile. Mais cet Index était immense. L'ami de mon père a installé un relais, nous a fait monter tous les deux et puis on s'est arrêtés. Lui est reparti et on a enchaîné comme ça pendant quatre ou cinq longueurs. Au sommet, j'avais réussi, sauf qu'il y avait pour la descente un rappel où on pendait dans le vide, chose que je n'avais jamais pratiquée de ma vie. J'étais là presque uniquement pour la descente. A l'époque le rappel m'excitait plus que tout. C'est le symbole de l'alpinisme. Le sommet, O.K., on y est arrivés, mais la descente était encore plus intéressante. Le copain de mon père m'a assurée et je suis descendue en rappel pendulaire, la corde enroulée autour de moi. La réussite de l'Index, c'était ça : cette descente en rappel.

Entre quatorze et vingt ans, j'ai fait beaucoup de montagne. J'avais un mois de vacances pour réaliser avec Pierre, mon compagnon de cordée, un maximum de voies. Notre éthique était : ne pas dormir au refuge, marcher sans prendre le téléphérique, tout porter sur le dos... Arrivés au pied des parois, nous grimpions sans prévenir personne, ni les secours ni les refuges. Nous voulions nous en sortir tout seuls, par nos propres moyens. Ce régime spécial me réussissait et me plaisait bien. J'ai commencé à prendre confiance en moi et à connaître mes limites. Nous avons réussi de belles voies pour l'époque : la face nord d'Ailefroide, la face nord de l'Olan, la Directe américaine. Cette dernière était un de mes rêves, mais elle m'a bien déçue. Je m'étais beaucoup entraînée, pensant rencontrer d'énormes difficultés. Finalement, on a couru tout du long. Sept heures. Très bien. Mais du coup, ce temps si court pour l'époque me frustrait d'un réel plaisir. Je me suis promis de refaire un jour cette voie en solo. J'escaladerai le souvenir ancien.

De quatorze à vingt ans Catherine Destivelle a fait énormément d'alpinisme, enchaînant les voies les unes après les autres pendant ses vacances scolaires.

Face nord Ailefroide, 1977

Située entre 2 000 et 3 500 mètres d'altitude, cette face nord, longue, réputée dure et dangereuse, avec de la glace, perdue, sans refuge, est mythique dans l'Oisans. Pour nous, c'était nouveau. On a bivouaqué au pied et puis on est partis. On a fait cette face nord en sept heures. J'avais des knickers bleus élastiques, assez chauds, qui se fermaient avec une bavette et des bretelles, et un pull. La fourrure polaire n'existait pas à cette époque. Aux pieds, je portais des E. B. Ce sont des chaussons d'escalade. On a mis des crampons dessus et on les a entourés de plastique pour qu'ils ne prennent pas l'eau.

On est partis de nuit. On n'y voyait rien, on a atteint d'abord le couloir de gauche, qu'on a vite traversé à cause des chutes de pierres, puis les surplombs. Soudain, on s'est retrouvés en E. B. sur une rampe avec de la glace. Pour ne pas remettre les crampons, il a fallu grimper avec les pointes de pied dans les alvéoles qu'avait creusées l'eau en tombant. Ensuite, j'ai fait un relais sur un morceau de vire et Pierre a continué. Il a fait tomber des pierres. Une véritable chute de pierres ! J'en ai reçu une sur le bras, j'ai eu très mal, à en pleurer, mais j'ai surtout eu très peur. Finalement, on a continué et, sept heures plus tard, on s'est retrouvés au sommet. On n'était pas très impressionnés. Au sommet, tu es bien content, mais tu as la descente qui t'attend, le plus dangereux. La vraie fin d'une ascension, c'est quand tu te retrouves sorti de tout, en bas, au troquet, devant ton verre de bière, comme si c'était un rêve. Tous les alpinistes pensent un peu comme ça. L'affaire est finie quand on se retrouve sur le plancher des vaches. Au sommet, même content, tu ne fais pas vraiment la fête. Tu dois penser à la descente. Si tu as le temps, tu te permets de regarder le paysage mais tu ne traînes pas, parce que, si tu lambines, tu risques de rencontrer la nuit et ça, c'est pas très sympa. La montagne, c'est la montée plus la descente. Beaucoup de gens oublient cette dernière. Dans l'esprit du public, seul le sommet compte... Pour nous, c'est avant tout de se retrouver sains et saufs. Cette descente de l'Ailefroide s'est à peu près bien passée, sauf un rappel délicat pour négocier une rimaye un peu problématique. Fidèles à notre éthique, nous avons dormi à côté du refuge et, le lendemain, nous sommes remontés par le col du Sélé pour atteindre l'endroit où nous avions laissé la voiture.

Drus
Directe américaine
1978, j'ai dix-sept ans

Je m'étais entraînée avec Pierre parce que cette voie est réputée difficile. Une belle ligne directe en beau rocher, longue de 1 000 mètres, c'est très haut et, pour la réussir dans la journée, il faut aller vite. On est partis par la mer de Glace, on a bivouaqué, ce que ne font pas les autres qui passent toujours par les Grands Montets. Ils redescendent sur un glacier, c'est plus court mais plus dangereux. Comme je n'aime pas les glaciers, on les a évités et on a choisi de partir par le bas, par le petit train du Montenvers. On a dormi au-dessus de la moraine, dans l'herbe. Le réveil de 5 heures du matin n'a pas fonctionné. Malgré tout, on a attaqué la paroi vers 8 heures. On a enchaîné très vite. La plupart du temps, j'ai grimpé en tête. On était légers, en E. B., pas besoin de piton ni de marteau, il y a déjà pas mal de choses en place. On avait juste quelques friends et des coinceurs. On a doublé deux cordées vers midi, qui avaient bivouaqué au Bloc coincé situé au milieu de la paroi ; elles étaient dans la rampe juste après le dièdre de quatre-vingt-dix mètres. Pour doubler plus facilement, Pierre me disait toujours : « Vas-y, t'es une fille, ils vont te laisser la place. » C'est ce qu'on a fait, on est sortis à 4 heures... Mais, là aussi, la descente est réputée dangereuse, on peut s'y perdre. Il ne faut pas aller tout droit, mais constamment traverser sur la droite, remonter, traverser... Des petits couloirs à

La face ouest des Drus dans laquelle se trouve la voie de la Directe américaine. Une déception pour Catherine : les difficultés rocheuses ne sont pas à la hauteur de ce qu'elle avait imaginé...

dépasser et redescendre, côté Flammes de pierres, pour enfin rejoindre le refuge. On a dû y arriver vers 7 ou 8 heures du soir. Là, on ne s'est pas du tout arrêtés. Pourtant, j'aurais bien bu quelque chose. A minuit ou à peu près, on était sur la mer de Glace, cherchant désespérément le chemin pour remonter sur cette moraine où nous avions laissé notre tente. Impossible de se repérer. Épuisée, n'en pouvant plus, j'ai déclaré : « J'arrête là. » J'ai vidé mon sac. Comme on n'avait pas de duvet, je me suis mise dedans. A l'époque, on avait des sacs à rallonge. J'y suis entrée jusqu'aux aisselles. Pour le haut, j'avais une doudoune. J'ai dormi là-dedans. Le matin, on a trouvé le chemin sans problème. Avec toutes les crevasses, de nuit, on avait dû louvoyer sans arrêt. Pourtant on disposait d'un beau bloc comme repère. Malheureusement, la nuit, tous les blocs se ressemblent, c'est bien connu...

Dans l'alpinisme de mon adolescence, l'escalade et la montagne se confondaient. Le week-end, à Fontainebleau, je grimpais pour me préparer à la montagne. Ensuite, détachée de la montagne, l'escalade est devenue un sport à part entière. L'escalade sportive se pratique sur de petites hauteurs de vingt à trente mètres. On travaille des mouvements. En somme, c'est une sorte de gymnastique contre la paroi. Un passage peut être travaillé des heures, voire des journées entières. Le but est de réussir un passage sans toucher un clou, sans s'aider de la corde. L'idéal est de réussir du premier coup. J'ai pratiqué cette escalade sportive et ses compétitions pendant quelques années. Le seul risque était de rater son nœud d'encordement. Pitons, relais, tout est en place. Le bon vieux temps de l'improvisation, de l'incertitude, du risque...

Avant de se tourner à nouveau vers la montagne, Catherine a pratiqué toutes les formes d'escalade, et notamment l'escalade de compétition. Ici, escalade très remarquée aux États-Unis.

enfin bref, de ce qu'on appelle l'aventure, était bien loin.

Tours de Trango
Tour sans nom
1990, j'ai vingt-neuf ans

Entre 1980 et 1990, je n'ai donc pas fait de montagne ou très peu. Trango était ma première expédition. C'est là que j'ai vu et compris que j'aimais profondément la montagne. J'étais lassée de l'escalade sportive. Jeff Lowe, l'un des plus grands alpinistes actuels, m'avait demandé de venir avec lui au Pākistān, grimper en libre la Tour sans nom, dans le massif du Baltoro. Il désirait faire un film. C'était un sujet impeccable : une fille européenne, un garçon américain... Il y avait sept ou huit jours de marche d'approche pour arriver à la paroi. Au pied, on a installé le camp de base sur le bord d'un glacier qui remonte une vallée. De là, on voyait la Tour sans nom dominant un éboulis de 1 000 mètres de dénivelée. Nous avons établi un camp de base avancé, juste au pied de la face, puis fixé les cordes dans un couloir pour accéder à ce que nous appelions l'épaule. Nous avons pris la voie des Yougoslaves afin de rejoindre le sommet. On a réussi à grimper en libre, mais cette entreprise a pris beaucoup de temps, environ deux mois. Comme il s'agissait d'un film, il a fallu fixer des cordes pour l'équipe de tournage. On a commencé à gravir les trois premiers mètres en libre et, en redescendant, on a fixé les cordes pour que l'équipe puisse monter et filmer. Un tournage, c'est un travail, on n'a donc pas exécuté l'ascension comme on l'aurait dû. Nous aurions pu la réaliser en cinq jours ; nous avons mis beaucoup plus : trois semaines. Il y a eu une tempête pendant laquelle on est restés coincés sur l'épaule à attendre que ça se dégage. Trango a été le déclic. Je me sentais bien, pas stressée du tout. Je n'avais pas froid.

Lors de son expédition à la Tour sans nom, au bord du glacier pakistanais du Baltoro, Catherine Destivelle redécouvre les joies de la haute montagne.

Je me suis aperçue que c'était cet aspect de l'aventure que je désirais, cette nécessité de patience, savoir juger les éléments, le temps qu'il va faire, comment est le rocher, dangereux ou pas..., jouer avec tout l'environnement, être attentif à tout ce qui se passe autour de soi. Tout ce que j'avais oublié et qui m'intéresse par-dessus tout. C'est vite revenu. J'étais très observatrice. Quel plaisir, quelle satisfaction et quel équilibre de vivre loin des passages cloutés et de pouvoir se débrouiller avec ce qu'on a ! Je reviens des Tours de Trango, magnifiques, superbes, avec en tête mon projet de grimper le pilier Bonatti en solo.

Drus
Pilier Bonatti
Octobre 1990

Pour moi, le pic idéal est en forme de doigt, une forme parfaite qui s'élance vers le ciel. Petite, quand je pensais à la montagne, je voyais un doigt. Je me rappelle, à dix ans, avoir fait cette petite voie dans l'Index avec papa et son copain, ce doigt j'ai eu l'impression de le voir sur toutes les cartes postales de Chamonix. Bien plus tard, j'ai réalisé que c'était les Drus. Chaque fois que je vois un pic de ce genre, je ne peux pas m'empêcher de rêver à une ligne qui arrive droit au sommet. Je déteste ne pas arriver directement au sommet. Je me raconte l'histoire, ensuite je la vis. La préparation d'un projet, c'est réellement excitant. Renseignements pris, il faut calculer la meilleure tactique et choisir le matériel. Je réunis toutes les photos de la voie que je peux trouver afin d'emmagasiner un maximum d'informations. Pendant la préparation, je me vois partout, dans tous les passages, si bien que, quand je grimpe, j'ai déjà tout vécu dans ma tête.

En fait, quand j'ai grimpé le Bonatti, je suis arrivée au sommet contente, mais sans grande surprise. La seule surprise a été le bruit de l'hélicoptère ; c'était la première fois que je me faisais suivre comme cela lors d'une ascension, et ce bruit m'a gênée pour grimper. J'ai découvert que j'avais besoin d'entendre mes pieds adhérer sur le rocher.

A la suite de cet « exploit », les médias m'ont comparée à Walter Bonatti. Il avait ouvert cette voie en 1956 en six jours. J'avais mis quatre heures. J'étais furieuse, gênée par cette comparaison qui n'avait aucun sens. A la suite de cette histoire, l'idée m'est venue d'ouvrir, moi aussi, une voie. J'avais envie de voir si j'étais capable de rester en paroi longtemps, seule.

Drus
Voie Destivelle
Printemps, j'ai trente ans

Dès que ce projet d'ouverture de voie est né, j'ai tout de suite pensé au Canada : les grands espaces, les parois vierges... Mais c'était un peu compliqué. Finalement, je me suis dit qu'au fond, les Drus, ce serait bien. J'ai regardé des photos, des topos, j'ai examiné la paroi avec des jumelles, comparé des descriptions, l'escalade s'annonçait délicate. La paroi semblait compacte. Beaucoup d'escalade artificielle... On plante un clou, on monte dessus, et puis on plante un autre clou, on monte encore dessus et on continue comme ça. Tout l'art est de savoir bien placer les clous.

Je n'avais bien évidemment aucune expérience de ce genre d'ascension, ou si peu.

Pour me faire la main, je suis partie aux États-Unis rejoindre Jeff Lowe. Les *big walls*, lui, il connaît. Il a passé son enfance dessus. Premier objectif : Zion. Une paroi qu'il avait repérée et essayée quinze ans auparavant. Pour lui, cette voie allait être le summum de l'artificielle : une ligne géniale dans un mur compact. Il avait imaginé suivre une toute petite fissure en arc de cercle. Arrivés au pied de la paroi, grande inquiétude, impossible de distinguer cette ligne. Mais ses souvenirs étaient si vifs qu'il n'était pas possible qu'elle n'existât pas. Six jours de préparation sous un cagnard infâme, des portages au pied de la paroi pour les cordes, les trente litres d'eau, tout le matériel pour bivouaquer

Pensant ouvrir une voie difficile en solo dans les Drus, notre alpiniste est partie s'entraîner aux États-Unis pour parfaire sa technique de progression sur parois rocheuses.

Ce piton rocheux des déserts américains est un excellent terrain pour s'initier aux manœuvres de cordes présentant certaines complications.

pendant deux semaines, sans oublier le parasol contre l'insolation. Deux jours dans la voie : deux longueurs. L'horreur. La ligne ne se dévoilait pas plus. Déçus, nous avons décidé d'arrêter là les dégâts. En fait, pour gravir cette paroi, il aurait fallu planter des pitons à expansion tout du long ; c'était exclu, l'éthique des grimpeurs en « artif » est de placer le moins possible de pitons à expansion.

Changement d'objectif : nous sommes partis ouvrir une voie dans un autre canyon. C'est là que j'ai appris l'essentiel de ce qu'il faut savoir pour ouvrir une voie tout seul. Dans ce genre d'entreprise, le plus important, c'est l'organisation : j'ai appris à ranger mon matériel. Personnellement, j'aime bien ranger mes coinceurs à gauche, du plus petit au plus grand, les mousquetons et les friends (autres coinceurs) à droite, du plus petit au plus grand, et les pitons à gauche à l'arrière. Les lames avec les lames, les cornières avec les cornières. Le marteau, contrairement à ce que j'avais appris pour la montagne, doit être plutôt lourd. C'est plus efficace. Pour le bivouac, il faut tout accrocher : de la petite cuillère, en passant par le briquet, jusqu'aux chaussures. On dort sur un *portaledge*, sorte de brancard suspendu dans le vide.

J'en savais assez. Maintenant, pour mon projet, restaient à régler les détails propres aux conditions de la montagne : j'allais demeurer dans la voie à peu près neuf jours. Sans eau, c'est impossible. Pour avoir de l'eau, il faut de la neige : le printemps était la meilleure saison. Une autre bonne raison de le faire à cette saison, c'était d'éviter la foudre, ma plus grande crainte. En effet, il y a moins de risques d'orage qu'en été.

Tous les détails techniques réglés, je suis partie sereine pour mon voyage dans les Drus. Pour moi,

il n'y avait aucune raison de ne pas réussir. Pendant tout le début de l'ascension, je n'en ai d'ailleurs jamais douté. Pourtant, au quatrième jour, après avoir essuyé une tempête monstrueuse, j'ai eu la désagréable impression de me trouver dans une impasse. Je suis restée bloquée huit heures au même endroit. Mais pas une minute je n'ai pensé faire demi-tour. Bien sûr, j'ai pesté, là-dessus vous pouvez me faire confiance ! Mais mon objectif restait le même : arriver en haut, réussir cette entreprise. Dans un moment de grand doute, j'ai même pensé redescendre au pied de la paroi et repartir immédiatement dans un autre système de fissures, me disant : je mettrai le temps qu'il faut, mais j'y arriverai !

Maintenant, avec le recul, je peux le dire, j'en ai bavé. En redescendant, sur le coup, j'en ai parlé légèrement. J'avais réussi et je trouvais ça normal. J'ai évacué le reste : la laborieuse progression sur ce mur compact, centimètre par centimètre, piton après piton ; l'angoisse permanente de l'ancrage qui va lâcher ; la terreur de l'écaille qui s'écarte lorsqu'on plante un piton trop épais, laissant ainsi voir un joli collier de ferraille pendouiller près du relais, quinze mètres plus bas ; les prières pour que le bloc sur lequel on est gentiment en train de grimper ne bascule pas dans le vide, etc. Pour ne rien arranger, j'ai toujours tendance à imaginer le pire des accidents et je dois dire qu'à ce niveau j'ai une imagination très fertile ! C'est parfois bien utile, mais souvent épuisant. Et je ne parle pas de ce terrible mal aux mains, la torture permanente ! Mes mains n'étaient plus qu'une plaie !

Bref, de cette première, je garde un souvenir mitigé. Pour être franche, le plaisir n'était pas au rendez-vous tous les jours. Mais je crois, malgré tout,

Ouverture de la voie Destivelle dans les Drus : neuf jours passés en paroi, hissage d'une tente et de la nourriture. Un voyage long, parfois laborieux et épuisant.

SECOURS AERIEN FRANCAIS
F
A
S

que ce sentiment de frustration vient aussi de l'erreur commise au sommet. J'ai succombé à la tentation en prenant l'hélicoptère pour descendre. Ça a tout gâché. Jamais je ne reprendrai cet ascenseur.

Eiger
Face nord
1992, j'ai trente et un ans

Après les Drus, un petit problème me tourmentait : j'avais le sentiment de ne pas être une véritable alpiniste. Tout ça n'était qu'illusion. J'avais peur des faces nord, de la glace, de la neige, du froid. Je n'imaginais pas une seconde m'engager dans ce genre de terrain, car je n'en avais absolument aucune expérience. La face nord de l'Eiger faisait partie du rêve et de l'ambition de la gamine qui, à vingt ans, s'était arrêtée de pratiquer la montagne. Un jour, en accompagnant Jeff Lowe au pied nord de la face de l'Eiger, je me suis trouvée stupide devant ces névés et ces rampes de glace, j'étais à la fois attirée et effrayée d'avoir à m'y engager, ne serait-ce que sur dix mètres. C'était l'inconnu. J'ai donc décidé d'apprendre, de partir au Canada faire mes premiers pas sur la glace. Évidemment, en second, tout allait bien. En tête, le problème était tout autre : je me suis vite rendu compte qu'il me faudrait en avaler beaucoup avant de pouvoir me sentir indépendante. Pour en « bouffer », j'en ai « bouffé » ! J'avais en tête de grimper en solo la face nord de l'Eiger, c'était mon secret. Puis, j'ai voulu connaître l'histoire de cette face : qui l'avait gravie pour la première fois ? Quand ? Combien de morts ? Pourquoi ? Qui l'avait parcourue en solo ? Or, il se trouvait qu'un alpiniste que je connaissais avait réussi ce solo. Ma foi, ce gars ne m'impres-

Large sourire à l'issue de l'ascension de la terrible face nord de l'Eiger (en allemand eiger *signifie « ogre »...), ascension effectuée en solitaire et en hiver de surcroît. Catherine peut désormais se considérer comme une alpiniste à part entière, elle qui prétendait redouter la neige et la glace...*

sionnait pas tant que ça ! Je me suis dit : s'il l'a fait, pourquoi pas moi ? Mais avouer ce projet à mon entourage, vu mon niveau en glace, c'était encore très prétentieux. Malgré tout, un an après, le 7 mars 1992, pensant avoir acquis suffisamment d'expérience, je me suis lancée, j'avais tout étudié avec minutie, j'étais sûre de moi. J'y avais tellement pensé que, lorsque je me retrouvais dans les passages, tout se déroulait comme prévu. C'était un plaisir, aucun obstacle ne m'a retardée.
Tout mon travail de préparation consiste à circonscrire les mauvaises surprises possibles. Une fois en situation, je dispose donc de tous les éléments pour m'en sortir. Je suis tellement dans l'action que je ne pense même pas au risque. Je ne réfléchis plus. Je n'analyse plus, c'est déjà fait ! J'ai alors comme une sorte d'instinct animal. La décision prise d'atteindre le haut me hisse jusqu'au sommet. Il m'a fallu seize heures environ pour gravir cette face. A la nuit, j'ai été un peu retardée par mes doigts que je ne sentais plus. Dans la même circonstance, beaucoup d'alpinistes se disent : « Je sors d'abord, on verra ensuite. » Moi, je ne veux pas perdre mes doigts, je n'ai pas du tout envie d'amputer une partie de mon corps pour la montagne. Donc, je m'arrête et je réchauffe mes doigts.

Grandes Jorasses
Face nord
1993, j'ai trente-deux ans

J'avais réussi la face nord de l'Eiger. Sans vouloir me flatter, je l'ai même faite sans trop de difficultés. Du coup, je me sentais capable de me lancer dans la face nord des Grandes Jorasses par la Walker. Cette voie-là est plus difficile que la voie

La face nord de l'Eiger (3 975 mètres) a été longtemps présentée comme l'un des trois grands problèmes majeurs des Alpes. La conquête de cette paroi, « creusée comme une poitrine de malade, souvent voilée de brumes », fut une des plus meurtrières. Ici Catherine dans un des passages clés des 1 600 mètres de la voie.

Heckmair de la face nord de l'Eiger. Il me faut toujours un an avant de réaliser un projet. J'ai besoin d'y penser, de prendre mon temps pour m'imaginer dedans. Pas besoin de beaucoup grimper. Juste besoin de savoir que je suis en forme, reposée, pour qu'au moment où je vais me lancer dans l'entreprise je puisse m'y investir entièrement.

Dans les Jorasses, dès le départ, en février, je me suis un peu perdue. J'ai pris trop à gauche par un passage plus difficile que prévu. Le premier bivouac s'est aussi avéré moins confortable que je ne l'avais imaginé. Au milieu de la paroi, j'ai dévié trop à droite et me suis ainsi retrouvée sur de gros blocs instables, m'étonnant de rencontrer, dans une « classique », ces parpaings branlants. En fait, mon vieux topo n'était plus d'actualité. Mon choix de me fier à la description qu'en ont faite les premiers ascensionnistes était une erreur. L'itinéraire suivi à l'ouverture n'était pas le plus simple et la description pas des plus précises. Depuis, les alpinistes ont découvert un passage plus direct. Je n'étais donc pas dans le bon chemin. En fait, malgré ces mauvaises surprises, je suis restée calme. J'ai conservé le moral : « Tu es paumée, bon ! Un jour de perdu... L'essentiel est de réussir. » En montagne, quand je réalise un projet qui me tient à cœur, mes émotions enfermées sous une carapace ne sortent pas. Je suis comme une machine lancée vers un but.

Dans les Jorasses, j'ai pris mon temps. Trois jours. J'étais bien, très concentrée. Il s'agissait de ma deuxième face nord. La veille de mon départ, j'avais un peu fait la fête avec des copines. Je n'étais absolument pas stressée. Il est vrai que, même dans des conditions difficiles, j'arrive à me calmer, à conserver mon sang-froid, à bien m'or-

ganiser afin de ne pas prendre de risques inutiles. Je sais doser mes efforts.

Pour me calmer, j'analyse toujours froidement la situation : « Tu pensais avoir gravi beaucoup plus... Tu n'avais pas prévu autant de neige... La plateforme de bivouac est difficile à trouver..., mais tu as de la bouffe, pas froid, de quoi dormir, un bon équipement... » Et mon organisme m'écoute. Il est très obéissant. Froid aux pieds, un doigt entaillé ou n'importe quoi... Quand on commence à paniquer, c'est l'unité de la personne qui se rompt. Plus de volonté, alors, plus d'objectif !

Initiation de madame Destivelle aux plaisirs de la marche et à la découverte de la vie d'expédition au Népal lorsqu'elle a accompagné sa fille au camp de base du Makālū.

Makālū Pilier ouest Printemps 1993

Je n'ai jamais eu envie de voyager pour voyager, ni par fuite, ni par simple curiosité. J'ai besoin d'un solide prétexte pour aller voir ailleurs ce qui se passe.

Jeff Lowe voulait ouvrir une voie en solitaire dans la face ouest du Makālū. Au printemps, nous sommes donc partis pour le Népal. Mon objectif consistait à voir ce que je donnais en altitude. Avec Érik, j'allais tenter le pilier ouest. Pour atteindre le camp de base, la troupe se composait de Jeff, de son ami Jessy, de René Robert (photographe), d'Érik, de ma mère et de mon amie Christine Grosjean. Comme nos objectifs dépassaient leurs compétences, je les avais invitées ensemble, afin que ni l'une ni l'autre ne reparte seule.

A Kātmāndū, ma pauvre mère a contracté une sciatique. Bilan : trois jours au lit avec piqûres et médicaments. Heureusement, aucune place disponible dans l'avion pour rejoindre le départ du trek. Dix jours qui tombaient bien, pendant lesquels elle s'est retapée. A Tumlingtar, au début, elle avançait avec un peu de mal, puis de mieux en mieux. Le trekking l'emballait. Pour la première fois, elle voyait le Népal. Et pour la première fois aussi, nous partagions un vrai voyage. Ça faisait longtemps que je voulais lui faire découvrir cette ambiance, cette vie dans les montagnes, lui prouver que ces expéditions ne sont pas des enfers permanents d'inconfort, bref, tout lui montrer, tout lui faire connaître : de la notion du temps qui passe au plaisir de la marche...

Les conditions n'étaient pas des meilleures. Le périple jusqu'au camp de base a duré quatorze jours. Les dernières soirées, nous arrivions dans un froid glacial, trempés comme des canards. On se réchauffait comme on pouvait dans les grottes, en attendant les porteurs. Dès leur apparition, le feu salvateur crépitait et on se sentait tout de suite mieux. Je craignais fortement que sa sciatique ne récidive, aussi je demeurais aux petits soins pour elle. Je lui installais sa tente, lui préparais son « lit », lui apportais une bassine d'eau chaude pour sa toilette. Lorsque nous avons atteint le camp de base, où nous attendait Jessy, l'Américain qui devait aider Jeff dans sa paroi, nous avons trouvé ce dernier stressé au maximum, malade. Blême, prostré, il a sangloté deux matins consécutifs. Phénomène lié à l'altitude. Nous étions déjà à 5 000 mètres. Érik, qui

Entre ombre et soleil, se dresse l'imposant pilier du Makālū (8 463 mètres). Catherine et Érik (en bas) permettent d'évaluer l'échelle du gigantisme himalayen.

a déjà vu quelqu'un mourir à cause de ce phénomène, suggéra d'évacuer Jessy. Le pauvre n'a pas demandé son reste. Il n'avait qu'une envie : rentrer chez lui. Il s'est littéralement évaporé.

Le lendemain de son départ, Christine s'est réveillée le visage enflé. Même diagnostic : mal des montagnes. Quelle tête elle avait, la jolie Christine ! Nous lui avons conseillé de prendre un porteur et de redescendre, accompagnée de maman. Départ le lendemain. Mauvaise nouvelle pour ma mère qui, elle, était en pleine forme. Bien qu'inexpérimentée, elle gambadait mieux que nous. Ne sachant plus quoi inventer pour nous aider, elle participait à la cuisine avec les sherpas, cousait mes écussons sur les sacs, etc.

La séparation a été dure. Le porteur Kami veillait sur elle. A un ou deux mètres en arrière, récitant son chapelet, il bondissait dès que ma mère glissait et la rattrapait par le bras. Au moindre signe de fatigue, il lui portait son sac. Nous l'appelions l' « ange gardien ». Comme on le voyait toujours en prière, nous plaisantions : il intercédait pour que la sciatique disparaisse. Un drôle de personnage, ce Kami ! Quand il lavait son chapelet, acheté deux cents roupies avant le départ — un chapelet constitué de graines —, il nous demandait de le surveiller le temps du séchage, pour le protéger des oiseaux.

De mes voyages au Népal, les marches d'approche demeurent les souvenirs les plus beaux. La vie des hommes est quand même plus excitante que la seule nature. De même, au retour de l'expédition, l'émerveillement vient des retrouvailles avec la vie humaine. Ma montagne n'a jamais été un exil ou une fuite. Je reste dans l'humanité. Je grimpe dans l'humanité. Je ne quitte pas les hommes. Ce sont eux qui me font évoluer ! Eux qui me permettent d'avoir des émotions. Affronter les difficultés d'une paroi, les intempéries, je peux le faire parce que, justement, des gens que je vais retrouver m'aiment. Partir pour fuir, par dépit, je ne l'imagine même pas.

L'altitude, j'ai appris à la connaître au cours de cette expédition au Makālū. Je n'avais jamais été aussi haut : 7 600 mètres. Dans mes précédents voyages, je n'ai pas dépassé 6 200 mètres. C'était à la Tour sans nom, en 1990, dans le massif du Baltoro. Toujours au Pākistān, nous avons tenté, en 1992, le Latok 1, sommet de 7 200 mètres. Cette ascension s'est soldée par un échec. Les conditions étaient extrêmement dangereuses, nous avons préféré faire demi-tour : nous n'avons pas dépassé 6 000 mètres. Je me souviens que la décision d'arrêter et de rentrer à la maison, alors que nous n'avions pratiquement rien tenté, a été terrible à accepter. Tout ce temps passé en préparations, toutes ces semaines au pied de la paroi à attendre que les pentes se purgent de leur excès de neige, tout cet argent dépensé, sans parler de l'investissement des sponsors ! Cependant, nous avons choisi la sagesse et je suis encore là pour en parler ! Je ne regrette rien.

Pilier ouest du Makālū. Catherine veut y évaluer ses capacités en haute altitude. Malheureusement, la mousson perturbera ses plans, en ne lui permettant pas de dépasser 7 600 mètres.

En repartant, je me demandais ce que j'allais dire une fois en France. Personne ne croirait que nous n'avions grimpé que 1 000 mètres sur les 3 000 de la voie. Au retour, sur la moraine, perdue dans de sombres pensées, je me suis même dit : « Et si je rencontrais le Yeti ? Quelle bonne excuse ! »

Le Makālū, nous ne l'avons pas réussi non plus. Mais là, nous n'y sommes pour rien : nous avons été arrêtés par la mousson, et quand elle est là, il n'y a plus rien à espérer. Il neige sans discontinuer.

Malgré tout, c'était une belle expérience. Dans une expédition légère, il faut tout porter soi-même. Nous nous sommes retrouvés parfois avec dix-sept, dix-huit kilos sur le dos, entre 7 000 et 7 600 mètres, c'est beaucoup ! Beaucoup trop ! En fait, on s'épuise à porter tout son équipement : la tente, la nourriture, le réchaud, le matériel pour grimper. ça pèse ! Cette expérience m'a servi de leçon pour la suite. En altitude, il est très difficile de se remettre des grosses fatigues. En plus, nous nous sommes acclimatés sur la voie, plusieurs allers-retours, ça finit par user. J'ai beaucoup plus d'énergie quand je découvre. Sur l'Annapūrnā, nous arriverons acclimatés.

A mon avis, en montagne, rien n'est plus important que l'expérience. On pense que je m'entraîne en permanence comme une malade. C'est faux ! J'essaie juste de rester à peu près en forme et l'expérience fait le reste. Chaque ascension m'apprend quelque chose de nouveau. Politique du moindre effort et confort sont mon *leitmotiv*.

Cervin
Voie Bonatti
1994, j'ai trente-trois ans

Certains disent que je cours après Bonatti. En fait, c'est un hasard, et j'espère bien que personne n'ira l'ennuyer avec des comparaisons ridicules. En allant dans la Schmidt, j'aurais eu l'impression de me répéter. La Bonatti, c'était la grande inconnue. Personne, paraît-il, ne l'avait parcourue après lui. Pour la documentation, c'était plutôt réduit : juste le reportage de *Paris-Match* et un croquis. C'est là que j'ai compris que la médiatisation de Bonatti était très professionnelle : c'était réconfortant, je me sentais moins seule. En 1965, être un alpiniste médiatique ne devait pas être facile à assumer, c'était peut-être là la raison de ses problèmes avec le milieu alpin.

Avant de partir dans la face, j'ai découvert que j'étais assez tendue. C'était la première fois. Les raisons, je ne les connais toujours pas très bien. Étaient-ce les histoires terrifiantes à propos des tentatives précédentes ou le fait de quitter Érik ? Toujours est-il que, le premier jour, j'ai eu beaucoup de mal à rentrer dans l'ascension, j'étais lente et maladroite. Au bivouac tout allait de travers : impossible de boire ni de manger, en plus j'avais perdu un sac qui m'avait échappé des mains. Bref, je n'étais pas dans mon assiette. Le lendemain, heureusement, tout allait mieux, le plaisir de grimper était revenu. J'étais tout à mon affaire et passais les trois derniers jours sans histoire. Le seul événement différent de

L'expérience du Makālū fut singulière : il est difficile, en haute altitude, de se remettre des grosses fatigues et les constants allers et retours dans la voie n'améliorent pas non plus le moral.

Partie sommitale de la célèbre face nord du Cervin, une des plus belles des Alpes. Audacieuse, Catherine a voulu y gravir, en hiver et en solo, la fameuse voie ouverte par Walter Bonatti en 1966 et jamais répétée depuis.

L'ARGENT

C'est en 1985 que j'ai commencé à gagner un peu d'argent en grimpant. Juste après avoir gagné la première compétition internationale à Bardonecchia, des fabricants de chaussons, de baudriers et de cordes sont venus me trouver. Mon entourage m'a conseillé d'accepter uniquement contre rémunération. Toute seule, je n'y aurais pas pensé, j'étais déjà toute contente qu'on me propose du matériel. J'étais considérée comme la meilleure : j'apparaissais souvent sur des photos et j'allais donc faire de la publicité pour ces produits auprès des nombreux jeunes. Pour moi, c'était l'aubaine, ça me permettait de continuer à grimper sans devoir travailler comme kiné. Mais je ne me serais sûrement pas lancée là-dedans si je n'avais pas eu un métier derrière moi. J'aime bien assurer mes arrières...

Pendant quatre ans, j'ai appris beaucoup de choses : des sponsors étaient prêts à investir de l'argent pour réaliser des films dans lesquels j'étais présente, les télévisions aimaient bien me faire venir pour parler d'escalade, dans le monde entier des villes étaient prêtes à me rémunérer pour des conférences. Et le public suivait.

Que ma passion puisse me rapporter de l'argent, au début cela me choquait. L'impression de me vendre, certes exagérée, me mettait mal à l'aise. Mais je n'aime pas faire les choses à moitié : soit j'accepte et tiens parole, soit je décide que non, et définitivement.

Je devenais professionnelle. Si je ne l'avais pas fait, je n'aurais pas pu réaliser mes rêves et j'aurais regretté toute ma vie de ne pas avoir essayé. Beaucoup d'alpinistes critiquent le fait que je gagne ma vie comme cela, que je me fasse suivre en hélicoptère pendant certaines ascensions, et que les médias s'intéressent autant à moi. Ou ça les agace, ou ils sont jaloux. L'argent n'a jamais fait bon ménage avec la montagne : c'est le sujet tabou, elle est si pure ! Ce problème ne date pas d'hier, il a toujours fallu de l'argent, mais il était moins visible : soit les alpinistes étaient d'une condition sociale qui leur permettait de faire face aux dépenses, soit ils étaient financés par l'État. Tous les alpinistes qui ont offert leur image au grand public ont connu les mêmes polémiques. J'ai décidé de vivre à fond ma passion et je m'en donne les moyens.

Il ne faut pas croire que les choses sont si simples. Les sociétés m'accordent leur confiance, mais il faut qu'en retour je sois crédible. L'ascension ne suffit pas, il faut savoir en parler, accepter de s'investir beaucoup dans le suivi : les photos, les films, les livres, les interviews, etc. Il faut aussi s'adapter au public auquel on s'adresse ; je donne des conférences sur différents thèmes : la qualité, la sécurité, la prise de risque, « gagner ». Parfois c'est pour le très grand public, parfois pour des jeunes, d'autres fois pour des *businessmen* ou des représentants, aussi je dois souvent parler en anglais comme en français.

Si une entreprise « met » de l'argent sur moi et mes projets, c'est d'une part pour l'image publique dont elle pourra bénéficier et, d'autre part, pour motiver son personnel qui suivra l'ascension de très près.

Whirlpool utilise mon image pour la « femme qui gagne », la « femme qui monte ». La marque espère toucher les ménagères en les revalorisant. Neutrogena, je les ai rencontrés juste après les compétitions en leur proposant des conférences sur la traumatologie de la main en escalade. Je n'avais plus de sponsor à ce moment-là et si je ne m'étais pas creusé la tête, j'en serais peut-être toujours au même point.

La montagne ne laisse pas indifférent, c'est une belle image et, dans les entreprises, beaucoup de gens ont de l'admiration pour les alpinistes. Mais pour qu'ils craquent, il faut avoir quelque chose à leur proposer. En plus, il faut toucher des entreprises qui s'accordent bien avec l'activité : Neutrogena a une image de produits naturels, et c'est le numéro un des crèmes pour les mains. Ce système-là ne marchera que tant que j'aurai des projets : ce n'est pas du long terme.

Pour les fabricants de matériel, mon rôle est très différent, même si ce que je fais participe, aussi, à leur promotion : je mets des produits au point, je conseille, je critique, j'assiste aux réunions de représentants, je visite les magasins pour voir ce qui existe, pour parler avec les vendeurs, pour connaître la demande et pour écouter leurs critiques sur les produits que j'ai développés. Avec eux, je mise sur le long terme, en développant des produits. Mais ce n'est pas facile parce qu'avec mes expériences en montagne je suis devenue exigeante et crée des produits trop techniques pour le marché : c'est très bon pour l'image de la société, mais ça ne se vend pas comme des petits pains !

Par exemple, cette année chez Lafuma, j'ai mis au point un vêtement de montagne spécialement étudié pour le mouvement, la légèreté, la robustesse, l'imperméabilité, etc. Verdict du fabricant : pour bien vendre, il faudrait au moins quatre poches sur la veste ! Justement, volontairement je n'ai pas mis de poches basses, car, en montagne, on ne les utilise pas ; elles sont inaccessibles lorsqu'on porte un baudrier ou un sac à dos.

Avec Poivre Blanc, c'est encore autre chose : ils ne font aucune publicité, et donc ils ne m'utilisent pas directement. Ce qui les intéresse, c'est que je porte leurs vêtements sur les plateaux de télévision, dans les films, sur les photos et lors des conférences. J'avoue que c'est plutôt facile, j'aime leurs vêtements, je les porte donc avec plaisir. De toute façon, je n'aurais jamais accepté un tel contrat si je ne me sentais pas bien dans ces vêtements. Rien n'est plus important que de se sentir bien dans sa peau pour répondre aux interviews sur les plateaux de télévision, ou pour les photos. Ma devise : rester ce qu'on est. C'est un peu ma façon de garder mon équilibre.

Ces partenaires me suivent à l'année, je dispose ainsi d'un certain budget que je gère pour mes projets. La prise en charge de la couverture médiatique, la présence d'une équipe de tournage, d'un photographe, cela coûte souvent bien plus cher que le projet lui-même.

L'Annapūrnā est l'un de ces projets. D'autres sponsors s'y intéressent plus ponctuellement : Constructa, dont le P.-D. G. est passionné de montagne, a eu un coup de cœur ; Fuji, qui souhaite tester son appareil photo numérique en altitude, comme il le fait en mer avec Loïc Peyron. Fuji nous donne ainsi la possibilité de communiquer avec la France et d'envoyer des images par satellite. Aux yeux des autres sponsors, c'est encore mieux pour le suivi de l'expédition.

Les médias sont la clé de toute cette entreprise. C'est aussi un métier : savoir s'exprimer, raconter en restant soi-même, ne pas délirer et rester simple. L'image s'est construite progressivement, d'année en année, je suis sur la scène publique depuis maintenant dix ans. Au départ, il y a eu quelques reportages d'escalade, photos et télévisés, un peu exotiques, et les compétitions. Quand j'ai décidé de revenir à la montagne, je n'étais pas inconnue des médias et c'est pour cette raison qu'ils m'ont suivie. Il y avait une histoire à raconter.

Paris-Match m'a suivie dès le début. Un journaliste connaissait mon parcours d'enfance car il s'intéressait un peu à la montagne. C'est lui qui a fait le premier reportage sur le solo dans les Mallos de Riglos. Depuis cette année-là, tous les ans j'ai un reportage dans *Paris-Match,* qui aime raconter des histoires à ses lecteurs qui aiment retrouver leurs vedettes.

La majorité des gens pensent qu'à chaque fois que je passe à la télévision, ou que l'on parle de moi dans la presse, je touche de l'argent. « Ça marche, hein ? » me disent-ils avec un petit sourire entendu.

Ça marche effectivement, mais pas dans le sens où ils l'entendent. Je ne touche en général pas un sou des médias. En revanche, plus on me voit dans les médias, plus faciles sont les négociations avec les sponsors ! Je prends de la valeur ! Mais comme dans tout, il faut savoir doser. Le public peut se lasser, et un phénomène de saturation se produit aussi de mon côté. J'en arrive à raconter n'importe quoi pour me débarrasser au plus vite de l'interview.

Les premières années étaient plutôt calmes par rapport à ce que je vis aujourd'hui ; j'ai l'impression que plus on passe dans les médias, plus on est demandé. C'est ce qui m'a poussée à prendre un agent, Catherine Devaux, qui filtre les demandes, gère les interviews, les conférences, etc. Catherine me libère de pas mal de pressions, car il n'est pas toujours évident de dire « non » et de bien négocier. Je me trouve dans une situation telle que je reçois toutes sortes de propositions : chanter, créer des parfums ou des pin's, apparaître dans des pubs pour des produits qui ne me correspondent pas du tout. J'ai la chance que Catherine, tout en défendant bec et ongles mes intérêts, respecte aussi mes positions.

mes autres ascensions : les retrouvailles avec Érik le dernier jour. C'était super, il était là ; ce n'était pas vraiment prévu dans l'histoire, puisqu'il était dans une autre voie, mais quelle belle fin !
Après cette ascension, je me suis aperçue que les parois des Alpes ne m'excitaient plus beaucoup, en tout cas plus de cette façon : seule. En y mettant le temps, j'ai l'impression que je pourrais me lancer en hiver dans n'importe quelle paroi. L'été, c'est différent, les conditions sont beaucoup plus dangereuses : les chutes de pierres, les orages... et le monde. Il est hors de question pour moi de prendre des risques.
Je choisis toujours des itinéraires n'offrant pas de dangers objectifs, je n'ai absolument pas envie de mourir en montagne. Face à la mort d'un alpiniste, beaucoup de gens se consolent en se disant qu'au moins il est mort dans le milieu qu'il aimait. Pour moi c'est une horreur. Je veux mourir dans mon lit. Il paraît que j'ai mes chances, vu le temps que j'y passe. J'adore dormir !
Maintenant, ce qui m'intéresse, ce sont les voies en Himālaya, la haute altitude ne permet pas de séjourner longtemps en paroi, la règle du jeu change, le plaisir est différent.

ÉRIK DECAMP

Ailefroide
Voie des plaques de glace
1978

Les brumes du matin donnent aux rochers des airs de fantôme. Nous remontons la vallée de La Bérarde en voiture. Nous sommes en novembre, l'automne a été sec et la montagne est désertée par

Le Cervin est une cime exemplaire. Dans l'ombre : la face nord. L'arête délimitée par le soleil fut le théâtre d'une furieuse bataille de l'homme contre la montagne, lors de la première ascension en 1865. Whymper, l'un des vainqueurs, ne doit sa vie qu'à la rupture de sa corde qui lui permit de ne pas être entraîné avec tous les autres précipités dans le vide.

les alpinistes. La voie des plaques de glace a une réputation sinistre, et semble n'avoir été que très peu refaite depuis son ouverture. Pierre Béghin s'est fait une spécialité de ce style de répétitions dans des itinéraires sauvages, pour celle-ci nous partons ensemble. Pour moi c'est nouveau : une ambiance noirâtre, ces deux plaques de glace très fines, séparées par un ressaut vertical. Nous prévoyons le bivouac, car les jours sont courts. En partant le matin de La Bérarde, nous savons que nous devrons nous arrêter dans la paroi.

A la rimaye, Pierre passe devant et, après quelques mètres, je ne le vois plus. Au bout d'un moment, je l'entends râler. Mais non, il n'est pas en train de râlé... Il a l'onglée. Je suis quelque peu interloqué de le voir ainsi, et me demande pourquoi il vient s'il souffre toujours de cette manière. Il y a quelque chose que je ne comprends pas. Pierre a beaucoup d'expérience et, dans mon esprit, avoir la maîtrise qu'il possède, c'est aussi ne pas souffrir. Moins j'ai mal, mieux je me porte. Je suis encore imprégné des mathématiques que j'ai apprises et, grâce à elles, j'ai le sentiment que la meilleure démonstration reste celle qui semble la moins laborieuse. C'est une forme de paresse que j'ai retrouvée dès mes premières escalades : le plaisir de franchir facilement un passage que l'on imaginait difficile. Ce plaisir-là existe aussi en montagne, même dans des conditions pénibles, et il m'est indispensable.

Je ne me sens pas pathétique comme Pierre, et bien plus tard j'ai réalisé que cela le surprenait.

Pierre Béghin (ci-contre) et Érik Decamp partagent ce même amour des grandes voies classiques dans des sites sauvages.

Ce fut mon premier bivouac en hamac, un de ces hamacs en ficelle dans lesquels on dort recroquevillé, après de longues contorsions pour parvenir à s'y asseoir. Nous étions au pied du ressaut rocheux, adossés à la glace. En s'installant dedans, on a toujours un peu l'impression d'exécuter un mauvais numéro de clown, de ceux que jouent les équilibristes ou les jongleurs et qui ratent tous leurs coups. Nous nous y attendions, au bout d'un moment les pierres commencent à siffler, elles paraissent proches et nous nous ratatinons à chaque fois. On ne peut pas faire ça toute la nuit, et, d'un commun accord, nous décidons de devenir fatalistes : après tout nous avons choisi cet emplacement pour être à l'abri. La méthode Coué a du bon.

Chaque ascension a ses moments. C'est avec eux que l'on construit l'expérience. En haut du ressaut rocheux, le rétablissement final se termine sur un tout petit rebord, pied sur le rocher, nez sur la glace de la deuxième plaque. Sortir une broche vite fait pour s'auto-assurer, puis mettre les crampons, je n'avais pas encore fait ça. La deuxième plaque est très fine, nous ancrons nos piolets avec mille précautions, mais, au relais, il faut bien planter une broche. C'est lassant de voir à chaque fois la glace s'étoiler et se fissurer sur plusieurs mètres. Et si tout partait ?

Arrivés à l'avant-dernier relais, nous pouvons enfin nous asseoir, et réaliser que c'est la première fois depuis le bas : jamais je n'avais grimpé une face aussi perpétuellement fuyante, sans aucun emplacement où se reposer, sans rien pour arrêter la perspective, sans aucun moment de relâchement : c'est une vraie paroi.

Premiers pas en Himālaya Ganesh IV, 1980

L'Himālaya me tente, et une expédition m'offre une place. Ce sera l'occasion d'une première visite, de connaître le Népal, d'apprendre à organiser, à négocier. C'est une équipe de la région de Nice, dirigée par Michel Feuillarade, qui m'invite pour l'ouverture d'une voie sur un 7 000 dans le massif du Ganesh Himal. J'allais découvrir, plus tard, que le Ganesh IV est l'un des rares sommets visibles depuis Kātmāndū. Marche d'approche sauvage, à travers des villages ignorés des trekkers. Je porte un enfant sur un pont de liane. Il a peur. Je suis heureux.

La première expédition en Himālaya d'Érik Decamp eut lieu en 1980. Son équipe se proposait d'ouvrir une nouvelle voie sur le Ganesh IV.

Nous avons avec nous deux médecins, l'un des deux doit seulement faire la marche, l'autre restera. Une forte fièvre a pris l'un d'eux, qui veut attendre pour en connaître la cause ; l'autre ne souhaite pas intervenir à l'aveuglette, ne désire pas agir contre le gré de son ami et confrère. Il trouve inutile de soigner les villageois : l'hygiène ne suit pas, donc cela ne sert à rien. Je suis choqué, j'éprouve l'urgence, pas lui. Un soir, alors que tout le monde dîne, la fièvre se transforme, brutalement, en déshydratation fulgurante. Le malade échappe de peu à la mort. Malgré cela, le lendemain, il continue. Je ne suis pas dans une position me permettant de m'y opposer. Le résultat ne se fait pas attendre : les médecins doivent nous quitter, l'un évacuant l'autre. Il ne reste qu'une pharmacie, avec un mode d'emploi ! Et, c'est à moi qu'on attribue les fonctions officielles de médecin chef…

Mon compagnon de tente est inquiet. Il n'apprécie guère que tout s'effiloche ainsi. A l'arrivée au camp de base, seul pour la première fois, il passe la nuit inquiet, oppressé, angoissé. Le lendemain midi, il nous avoue avoir déjà pris six cachets d'aspirine pour faire passer son mal de tête. Le surlendemain, il nous quitte pour une descente d'urgence. Il échappe de justesse à un œdème. J'apprends alors qu'en l'absence de médecin chacun doit surveiller l'autre. L'informer de toute prise de médicaments et des problèmes de santé qu'il rencontre.

L'équipe se réduit à une peau de chagrin. J'ai le sentiment que l'expédition commence enfin. Je me sens bien en altitude, j'aime cette ambiance. Les sherpas me font confiance. Nous installons un camp, au tout début de l'éperon. Puis nous partons à trois, en bivouac : quatre nuits, avec juste un matelas Karrimat, pas de duvet, des nuits dans des grottes de glace et dans des crevasses. Après avoir creusé une grotte, on s'y réfugie sans plus se soucier du temps, ni de la température extérieure. Dedans, il fait proche de zéro, sans vent. C'est magique. Au retour, je ne me rappelle plus grand-chose, sinon que dans une expédition le sommet est un épisode vraiment court, mais tout ce qui l'entoure demeure vraiment fort.

Pumori
Quatre complices, 1982

Je voulais organiser ma propre expédition, d'un bout à l'autre, dans un style qui me conviendrait. L'objectif : répéter l'éperon sud du Pumori. Je le croyais à notre portée. Je voulais réussir quelque chose. Les échecs prestigieux ne m'intéressent pas. Il y aurait deux cordées : Pierre Faivre et Guy Mevellec, à l'époque tout jeunes aspirants guides, Jeff Lemoine et moi. C'est à cette époque que je comprends ce que signifie l'expression « expédition heureuse ». Nous avons failli échouer : au moment de partir pour de bon dans la voie, perspective de trois ou quatre bivouacs, Jeff est grippé. Il nous laisse aller, pour ne pas compromettre la réussite. Après une journée, tous les prétextes sont bons pour redescendre, d'horribles dangers nous guettent : mauvaise foi pour la bonne cause. Jeff est plutôt content. Deux jours après, nous repartons tous les quatre. Je comprends alors que je préfère vivre l'amitié en risquant l'échec que réussir seul.

Ayant pris goût à l'Himālaya et désirant organiser lui-même une expédition, Érik envisage de répéter l'éperon sud du Pumori, au Népal.

Guider en haute montagne

Je suis guide de haute montagne depuis 1975, année où je sortais de Polytechnique. En fait, j'étais fasciné depuis longtemps : mes premiers pas vers un sommet de Vanoise, derrière un ami qui s'y connaissait un peu, avaient pour toujours inscrit dans mon souvenir la puissance de cette relation entre celui qui guide et celui qui fait confiance. Je me rappelle ce pas qui semblait si sûr. Les premières heures de ma présence à l'X ont été les premières heures d'un virage à 180° : changement de cap. Direction la montagne. De manière intensive. Depuis ce jour, je n'ai jamais cessé de considérer que cette activité était ma vie, même si je suis toujours resté en contact avec la science. Faire le guide, ce n'est pas faire de l'alpinisme, c'est faire faire de l'alpinisme, nuance. Ce sont deux choses différentes, incomparables. L'une n'est ni meilleure ni moins intéressante que l'autre. On peut aimer l'une ou l'autre, ou bien les deux. J'aime les deux. Voilà pour les éternels débats qui agitent le milieu : l'amateur qui en veut au guide de gagner de l'argent grâce à la montagne — elle qui est si pure — en lui reprochant *grosso modo* d'être à la fois la prostituée et le proxénète ; le guide qui reproche à l'amateur de n'être qu'un simple amateur.

Ayant déjà expérimenté l'Himālaya, j'étais ravi de faire partie des quelques guides qui allaient tenter d'exercer ce métier sur les hauts sommets et faire partager cette expérience. L'occasion m'en a été fournie par Claude Jaccoux, guide de Chamonix et vieux routier du voyage, qui m'a confié plusieurs expéditions : dans le massif du Garwal, en Inde ; à l'Ama Dablam, la perle du Khumbu ; au Mustagh Ata, 7 400 mètres, à peaux de phoque dans l'ambiance pastorale et désertique des plateaux d'Asie centrale ; au Cho Oyu, première expérience à 8 000 mètres ; sur l'arête nord de l'Everest.

Entre 1985 et 1989, mon sentiment à l'égard de l'exercice de ce métier en haute altitude est passé par toutes les couleurs de l'arc-en-ciel. L'enthousiasme au Mustagh Ata, la montagne plus le voyage, le groupe vivant ; à l'Ama Dablam aussi, la chance d'avoir pu faire de tout ce plaisir un métier.

L'absurde. Au Cho Oyu, le jour suivant notre ascension au sommet. J'attends avec Claude Jaccoux le retour de la deuxième vague, dans un camp à 6 500 mètres. Nous sommes là pour accueillir, tendre la gourde. Nous découvrons les ravages de l'altitude. L'un se jette sur un Thermos et boit comme un puits, nous devons l'arrêter avant qu'il ne tourne de l'œil. L'autre prétend que nous avons déplacé le camp, il en est sûr. Je ne sais pas s'il a encore changé d'avis. Un autre encore a des hallucinations, on lui a tiré dessus pendant la descente, si ! si ! et il y avait même une forteresse.

Jeune Ouïgour des plateaux d'Asie centrale où l'ambiance pastorale est plutôt désertique. Cette expédition au Mustagh Ata, en tant que guide de haute montagne, enthousiasme Érik Decamp.

Le doute. J'avais affaire à des gens indéniablement motivés. Trop souvent, j'en étais arrivé à me dire que mon rôle consistait à être exclusivement un garde-fou. Au sens propre. Je sentais parfois tout ce que la volonté renferme de malsain. Je comprenais même que certains considéraient qu'un sommet pouvait valoir une phalange.

Les limites. Face à tout ce qui nous guette en altitude, le froid, le malaise, il n'y a aucune autre ressource que notre capacité à sentir notre état. On peut demander à quelqu'un s'il sent encore ses doigts, on peut en regarder la couleur, mais on ne verra pas tout, et s'il refuse ses sensations, on ne peut pas se substituer à lui. La limite, c'est lorsqu'on vous demande « ça va ? » et que rien ne permet d'être sûr du contraire. Parce que, malgré tout, l'autre ne décide pas seul, il décide en fonction de votre présence. En altitude, il arrive un moment où l'on décide seul, même si on agit solidairement. Le choix d'accepter ou de renoncer appartient à chacun. En présence d'un guide, ce jeu est faussé. A un certain moment, si quelqu'un me demande s'il peut continuer, je ne peux que lui dire « non ». Sa question prouve qu'il se repose sur moi, là où il ne doit compter que sur lui. Il m'est arrivé de dire « non ». Je n'ai pas eu à le regretter.

Jannu, 1987

Pierre Béghin est déjà venu ici, en 1982, avec l'intention de gravir l'immense mur rocheux, la directissime, encore à faire, de la face nord du Jannu. Paroi fantastique qui ne voit jamais le soleil, absolument verticale. A l'aplomb du sommet, elle est haute de 900 mètres. En d'autres points, elle atteint 1 600 mètres. L'expédition de 1982 a été rejetée dans du terrain mixte, sur une grande rampe qui longe le mur, et, malgré beaucoup de temps et d'énergie, elle n'a pas pu atteindre l'arête sommitale en raison du mauvais temps continuel. Nous voulons terminer cet itinéraire, aussi directement que nous le pourrons, Pierre Béghin, François Marsigny, Juan Tomas et moi-même. Pierre rentre d'une tentative plus que poussée à l'Everest, et je reviens du Mustagh Ata, en Chine. François et Juan arrivent, eux, d'Europe. Au camp de base, nous retrouvons une expédition hollandaise qui répète la voie japonaise. L'accès au Jannu, c'est une marche de quinze jours à travers le pays Limbu, puis viennent les longues vallées qui conduisent aux hautes terres, à l'important village tibétain de Gunza. Les ressources, provenant du commerce avec le Tibet, apportent le complément indispensable à ce que la terre, pauvre, ne peut fournir. Nous sommes frappés par la distinction de ces gens, et par la qualité de leur accueil, une sorte d'indifférence bienveillante.

A l'ombre du mur de l'ombre. Notre dernier relais est au bord d'une goulotte qui canalise toutes les coulées. Pierre y attend que je trouve le suivant, 120 mètres plus haut, dans une zone moins exposée. Tout à la recherche d'un emplacement, j'ai le regard mobile. Tout à coup, je suis subjugué par ce que je vois au sommet : la corniche se détache 1 500 mètres au-dessus de moi, à l'aplomb. Elle vole en plein ciel le long de l'immense mur rocheux, éclate dans les pentes au-dessus de nous, et nous offre un spectacle fabuleux. Il faut se protéger, faire confiance aux deux piolets. Pas de choc, seulement la neige qui s'infiltre, partout. Plus tard, Pierre me rejoint, il a reçu une coulée très violente de blocs de neige, tout passait par la même goulotte. « Quand j'ai vu arriver ça sur moi... », « Je l'ai vue partir... »

La longue-vue. De temps en temps, nous regardons dans la longue-vue des Hollandais, outil fabuleux pour sa performance, et terrible pour la portée psychologique de cette performance. On peut voir les petits bonshommes avec leurs bras et

Érik Decamp au pied de la face nord du Jannu qu'il compte gravir accompagné de Pierre Béghin et de deux autres alpinistes.

La gigantesque face nord du Jannu déploie son manteau de froideur : il faut lutter contre la pernicieuse usure, le manque de soleil et l'immensité.

leurs jambes, et aussi les détails de notre itinéraire, ceux que l'on maîtrise et les autres. Et l'incroyable rapport de dimensions qui fait que 400 mètres apparaissent comme une éternité... L'ascension semble plus irréalisable d'ici que lorsqu'on se trouve dans l'action. C'est voir l'immensité d'une tâche, sans avoir aucune prise sur sa réalité, sur les étapes de son accomplissement. A travers la longue-vue, on ne se rend pas compte que les choses se font pas à pas, on oublie l'idée de progression.

Échec. Six jours ont passé, en ne voyant le soleil qu'une heure, avant la nuit. Une usure pernicieuse. Il faut lutter constamment contre le froid, le deuxième sérac repoussant qui nous incite à tout faire pour éviter de le franchir directement. Et pourtant, après un jour perdu en essais infructueux, il faut bien y aller. Là au milieu, il y a une faiblesse en glace trop dure qui se termine par un mur surplombant en glace parfaite. Encore un jour passé, la troisième nuit dans la même grotte, c'est trop. Sur le deuxième névé, nous décidons qu'il vaut mieux arrêter là cette tentative, nous sommes à 6 800 mètres et il ne reste plus « que » 400 mètres jusqu'à l'arête, mais le froid a « usé nos piles ». Il n'est pas question de tenter à nouveau cet itinéraire, mais l'idée germe de remonter par la voie japonaise, celle que font en ce moment même les Hollandais. Déçus ? Pas vraiment. Les bouts de pieds et de mains frémissent encore des gelures qu'ils n'ont pas eues, sans doute parce que nous avons pris toutes les précautions — longs massages le soir, nuits dans les grottes et non sous les tentes — et parce que nous avons fait demi-tour à temps.

Passage du très redouté deuxième sérac dans la face nord du Jannu.

Mort. Nous voyons constamment Ingo, le médecin hollandais, au camp de base. Deux de ses amis sont tombés, après avoir atteint le sommet, à la fin de la descente. Pour quelle raison ? On ne le sait pas vraiment. Chute de pierres, ou de sérac. Pour cette expédition, le succès semble total et l'ambiance très joyeuse. Maintenant, c'est le drame. Et rien de ce qu'ils ont réussi avant n'a un sens. Où en sommes-nous à la suite de tout cela ? François Marsigny et Annie Béghin quittent le camp de base et, le lendemain de leur départ, Juan fait de même, alors que le mauvais temps s'installe.

La mort du poulet. Soirée dantesque sous la tente de cuisine. Une bâche de cinquante mètres carrés, installée en forme de toit, ouverte aux deux extrémités. Des bourrasques de neige nous chassent de notre place, confortable, devant le feu. Le poulet, que les *cooks* ont monté, s'affole, court dans tous les sens. La neige s'accumule, rentre par les ouvertures. Les mâts qui soutiennent la bâche s'inclinent dangereusement sous son poids. Il faut étayer, déblayer. Ce poulet était prévu pour plus tard, mais le destin vient à sa rencontre ! Le *cook* nous dit qu'il va avoir trop froid, et qu'il vaut mieux le manger dès maintenant. Dans cette ambiance, cette justification est à la fois cocasse et absurde. La scène qui suit reste gravée dans nos mémoires. L'égorgement du poulet au milieu des rafales, dans un coin de la tente. Le sang, les plumes. La mort à la sauvette. Tout se mélange en un spectacle unique. Les gens, le feu, le poulet, la neige, les éclairs. Et les grondements d'avalanches sur le versant d'en face...

Nuit. « A l'heure qu'il est (et je ne sais même pas quelle heure il est), il a dû tomber quatre-vingts centimètres de neige. Le vent souffle en tempête. Et les éclairs. Il n'y a plus qu'une seule urgence : décamper. En fait, j'ai peur de ce trop-plein de neige. Je dors dans la tente-mess que j'essaie, tant bien que mal, d'empêcher de se vautrer en la secouant et en dégageant autant de neige qu'il est nécessaire. Paradoxe, je suis dans l'herbe mais, autour de moi, se dresse un mur en neige d'un mètre ! Je ne sais pas si les autres peuvent dormir mais, moi, je ne suis pas du tout tranquille. Et sans heure, c'est légèrement angoissant. Je n'attends qu'une seule chose : le matin, pour partir d'ici ! Quelle que soit leur motivation, les autres ont été bien inspirés de partir plus tôt. » Peu avant le jour, le ciel est tout à coup parfaitement étoilé, nous avons peine à le croire et, le matin, nous faisons le point dans le camp de base étincelant d'un mètre de neige fraîche. Deux tentes écrasées et détruites, les autres presque enfouies. Le vent reste très violent, même au fond de la vallée, les crêtes du Jannu s'ornent de panaches de neige. Cette journée, passée à dégager les tentes, à pelleter avec des couvercles de casseroles et de bidons (nos deux pelles sont restées en haut), nous laisse le temps de nous remettre de cette tempête et d'observer : dans la partie supérieure de la face, les conditions semblent avoir peu changé. Le vent chasse la neige et tout ce qui a pu s'accumuler est déjà parti en avalanche.

Érik Decamp dans la grotte qui sert de troisième bivouac. Face nord du Jannu.

Le soleil nous revigore. Nous sentons la motivation renaître, l'envie de monter à nouveau, d'essayer dans le temps qui nous reste. L'emploi du temps est serré. Si nous partons le 21 octobre, nous pouvons espérer atteindre le sommet le 25, et retrouver le camp de base le 27 au soir. De là, il faudra commencer la marche de retour, dès le 28, pour arriver à Kātmāndū le 4, en parcourant deux à trois étapes par jour. Retour en avion prévu le 5 ! C'est ce que nous expliquons tant bien que mal à notre *cook*, pour qu'il organise le travail des porteurs. Mais il y a encore tellement d'obstacles que nous n'y croyons encore qu'à moitié. Notre matériel individuel est semé en divers points du pilier. Que va-t-on retrouver ? Mais, par-dessus tout, le problème de la météo demeure notre principale question. Ce beau temps, si brusquement revenu, va-t-il tenir ? Et ce violent vent, qui, s'il persiste, nous interdira, de toute façon, l'arête sommitale...

Soleil froid. 21 octobre. L'optimisme est modéré en quittant le camp de base. Bien sûr, il y a la trace à faire sur le glacier. Le dépôt de matériel est enfoui sous trois mètres de neige, au pied du pilier. Je m'acharne à chercher. Pierre a tout de suite vu que c'était sans espoir, il est parti dans le pilier. Une heure après lui, j'abandonne aussi, le bout de la dernière corde fixe fera office de baudrier. Le pilier a complètement changé d'aspect, les cordes fixes, enfouies par endroits, nous obligent à des passages scabreux, ailleurs des pentes de neige ont recouvert le rocher.

Pierre a pu retrouver les crampons. Il a même repéré l'extrême bout d'un bambou que j'avais laissé par précaution. Il a mis mes crampons en évidence, et a inscrit un message sur la neige : « Je continue. » Je laisse une réponse qu'il ne verra jamais : « Moi aussi. » Je le rejoins au camp I. Il a retrouvé — je ne sais pas comment — une pelle, et nous creusons pour dégager la tente et le matériel. Les plates-formes, le petit cirque rocheux qui protégeait la tente, tout cela n'est qu'une pente de neige fraîche, lisse, d'où rien n'émerge. Nous travaillons dans les bourrasques de vent continuelles, prélude à l'ambiance que nous connaîtrons les trois prochains jours. Nous avons parié en nous fiant à nos expériences précédentes en Himālaya. Il y a toujours un coup de tabac en octobre, même si ce n'est pas une tempête comme cette année. Le vent violent qui suit connaît généralement une accalmie après quelques jours. Mais quelques jours, c'est parier sur la chance que cette pause ait lieu précisément le 25 ! Nous sommes décidés à tenter cette chance, au risque de renoncer à quelques heures du sommet.

Le troisième jour, nous franchissons la barre de séracs, par des longueurs dont la difficulté nous surprend un peu. La zone est dangereuse et le drame récent est encore très présent dans nos esprits. C'est là, précisément. Au-delà, de longues pentes de neige dure. Puis toujours ce vent. Nous ressentons un engagement beaucoup plus fort que début octobre : les Hollandais sont partis. Nos amis aussi. Au camp de base, il ne reste que le *cook*, à qui nous avons laissé des jumelles pour qu'il puisse suivre notre progression. Les conditions sont devenues hivernales. Si l'un de nous devait descendre avec des gelures, il n'y aurait plus aucune assistance médicale au camp de base, devenu difficile d'accès. L'ambiance est fascinante. Tout a changé en quelques jours, tout est devenu plus intense.

Au bivouac, sur l'arête, nous essuyons des rafales toute la nuit. Le tapis de sol se soulève parfois sous nous. La tente claque comme un drapeau. Le givre s'accumule à l'intérieur. Le sommeil est léger, les réveils sont fréquents. « Demain il faudra descendre, aucune chance que le vent s'arrête, c'est fichu. » Je persiste à afficher un optimisme irrationnel, le vent aura peut-être le bon goût de s'arrêter. Croire encore, en un peu de chance... Comme si la chance se méritait !

Calme plat. Surprise le matin : l'air est tranquille, la lumière exceptionnelle. Nous remontons l'arête comme dans un rêve, prenant tout le temps pour admirer et photographier, avec la soudaine impression d'être dans un décor paisible, la fluidité retrouvée. Midi. Ce qui était improbable, quelques heures

Pierre Béghin débouchant de la face nord du Jannu, dans les pentes sommitales. Les rafales de la veille se sont tues et la remontée au sommet s'effectue comme dans un rêve.

auparavant, devient réalité. Ce n'est cependant pas de l'euphorie. Seulement la sensation que quelque chose de très grand et de très puissant s'est arrêté, un moment, pour nous laisser tranquilles. La nature et les petits bonshommes, là au milieu. La perspective de la descente nous empêche de nous relâcher. Le plus dangereux reste à faire.

Un soir, une nuit au bivouac de l'arête, la neige tombe, le piège ? Non, encore un matin clair. Nous partageons quand même le sentiment urgent qu'il faut atteindre, en une journée, le camp au sommet du pilier. Les pentes paraissent interminables. Nous descendons encordés à reculons, mais ensemble. La confiance mutuelle est totale ; mais la confiance en soi ? Les arrêts sont fréquents, autant pour se reposer que pour éviter la pensée de s'échapper. Retrouver la concentration maximale, puis reprendre la progression en assurant tous les gestes. La chute serait très mauvaise ! Rappels. Nous devons couper une corde coincée. Chute de pierres. Il faut maintenir l'attention. Puis les cordes fixes peu avant le crépuscule. Enfin ! Nous sommes sur le glacier dans la nuit sans lune. Nous nous croyons presque arrivés, mais nos traces sont effacées. Il faut tout refaire. La physionomie du glacier a changé en raison du vent. Je bivouaquerais bien là en attendant le jour, mais l'insistance de Pierre nous permet de rejoindre le camp. C'est un havre temporaire, nous sommes encore très méfiants pour le dernier jour, conscients que la descente du pilier n'est plus une formalité, comme au début du mois. Surtout avec des sacs de vingt kilos. Cette tension ne se relâchera qu'à l'arrivée au camp de base.

« *Ramru* ? » (« Ça va ? ») nous révèle l'inquiétude du *cook*, qui nous accueille en compagnie des deux porteurs prêts pour descendre le lendemain. Une émotion brève. Retrouver la compagnie des hommes, le monde. Rompre enfin l'isolement.

Everest, 1990

Présence-absence. Le départ est une durée que l'on consomme, et où l'on se consume, à petit feu. Déjà absent parce que prêt, mais encore présent, c'est une sorte d'inexistence. Les sacs qui sont là, bouclés, me rappellent, à chaque instant, que je ne suis déjà plus d'ici, de ce quotidien ; ils me jettent passivement en dehors de cette existence que je répugne pourtant à quitter, avant que je me sois réellement approprié cet ailleurs, que je n'arrive pas à désirer réellement, à ce moment-là.

Au premier plan : femme du pays Limbu rencontrée lors de la marche d'approche du Jannu.

Ceux qui restent. Le sentiment d'injustice pour le voyageur, qui part, vient du fait que les autres, qui restent, pensent avoir plus besoin de nouvelles de lui que lui d'eux.

Douanes. Je me délecte de ce rythme, de cette déambulation aléatoire dans un dédale de bureaux et de procédures auxquelles je ne comprends rien. Du sentiment que les interlocuteurs me font attendre, jaugent ma courtoisie et ma patience, et décident à ces impressions du délai et des *bakchich* qui me seront sourdement imposés. C'est un jeu de marchandage tacite, l'un des meilleurs moyens de rentrer, cette fois-ci pour de bon, dans les mentalités. Le résultat n'aurait pas déçu Borgès, une licence d'importation nous autorise à introduire au Népal les denrées libellées : *Mountaineering equipment except talkies-walkies, tetracycline and beef meat.* La religion et la stratégie.

Premier contact. Ce que l'on connaît d'abord des sherpas qui nous accompagneront, c'est la liste, proposée par notre correspondant sur place. Elle est hiérarchisée. En tête, le *sirdār* Sonam Tshering Sherpa, celui qui a pour charge de diriger toute l'équipe et qui est notre interlocuteur principal durant l'expédition. « *Two times summitter* », il a fait deux fois l'Everest. Ensuite cinq sherpas « *summitters* ». Un autre encore qui a atteint le sommet du Kangchenjunga (8 600 mètres), puis des sherpas qualifiés par le fait qu'ils ont atteint le col Sud — à 8 000 mètres, sur la voie népalaise de l'Everest. Puis, « *nocal* », « *no qualification* ». C'est l'Everest qui définit la hiérarchie des valeurs dans le monde des sherpas d'altitude. Cela se mesure aussi au respect qu'inspirent, dans les villages, ceux d'entre eux qui ont déjà atteint plusieurs fois le sommet.

Mingma Tensing Sherpa. Je le connais depuis 1980, année de ma première visite au Népal et de ma première expédition. C'était un très jeune *sirdār*. Depuis, nos chemins se croisent, à chaque fois que je viens ici. Tous les sherpas se connaissent entre eux, et se parlent les uns aux autres des alpinistes européens auxquels ils ont eu affaire, véhiculant ainsi des réputations qui font, après plusieurs années, qu'aucune relation nouvelle n'est jamais vraiment vierge.

8 000 :
La frontière du nombre magique

Depuis les sorciers et les oracles de nos ancêtres, nous sommes sous le pouvoir des nombres. La fin du monde avait été prédite pour l'an mille. Nous ne sommes pas loin de la prédire pour l'an 2000, les ravages écologiques ayant, entre-temps, pris la place des chevaliers de l'Apocalypse. Chaque décennie de notre vie est censée marquer un tournant. A la fin de chaque millénaire, on a l'impression confuse et inquiétante qu'il devrait se passer quelque chose de particulier, synonyme généralement de catastrophique. Les altitudes n'échappent pas à cette règle : 1 000 mètres, c'est bon pour la santé, 4 000, c'est une altitude que certains collectionnent pour se sentir alpinistes, 8 000, c'est la limite magique qui hypnotise et obsède les himalayistes. Pourtant, rien ne distingue les plus hauts des 7 000 des plus bas des 8 000.

8 000 mètres, c'est une obsession du système métrique. Nos voisins, les Anglais, échappent à cette dictature chiffrée car, en pieds, tout cela ne signifie pas grand-chose.

Il y a pourtant des seuils, ceux que l'histoire des alpinistes a confirmés, ceux que chacun de nous éprouve. Il y a le sentiment d'être autre, dans un autre monde, et ce sentiment s'accentue sous l'effet conjugué des transformations physiologiques liées à la raréfaction de l'oxygène, des états de fatigue que l'on atteint pour arriver là, et du pouvoir des paysages. Tout est démesuré. Chacun suggère sa métaphore pour tenter de décrire des impressions bien difficiles à imaginer. Messner, avec le sens du drame propre au mélange des cultures germanique et italienne, a nommé la « zone de la mort ». Pierre Béghin parlait plus sobrement de « voyage dans l'oxygène rare », et tentait un rapprochement avec l'immersion de ceux qui plongent en apnée. Deux mondes étranges où l'on est physiquement transformé.

A la question : « Qu'est-ce que vous y trouvez ? Pourquoi vous y retournez ? », on est bien embarrassé de répondre. Les premières rencontres avec l'altitude sont souvent pénibles. Il faut s'y adapter progressivement, prudemment. Nos gestes sont lents, nos décisions souvent molles et difficiles à prendre. Vivre en altitude, c'est prendre un temps démesuré pour les actes quotidiens. La météo est capricieuse, il faut savoir attendre, être calme et rester prêt. L'air froid et sec blesse la gorge et provoque des toux incessantes. Il se construit pourtant sur cette base d'inconfort et de difficulté une expérience unique dans laquelle l'altitude joue un rôle surprenant en donnant l'impression de franchir les frontières d'un au-delà. Mais le souvenir nous échappe, en partie, comme ces rêves que l'on tente vainement de reconstruire. Tous ceux qui, dans l'exercice de leur passion, vivent des moments irremplaçables, connaissent cette nécessité d'en renouveler encore la recherche. Cette expérience-là, c'est la nôtre.

8 000, c'est le nombre magique qui hypnotise les himalayistes. Ici, le col Sud de l'Everest.

Everest reality, 1. Je ne sais pourquoi, je l'apprendrai progressivement ensuite, l'Everest — la pensée de l'Everest — semble induire une altération du sens de la réalité. Curieusement, certains dans ce camp de base devraient bien savoir qu'il leur est inaccessible — faute d'expérience, d'un passé d'alpiniste ou d'himalayiste —, et on a pourtant l'impression qu'ils croient pouvoir parvenir au sommet. Est-ce tellement improbable qu'ils ne savent plus très bien dans quelle réalité cela se trouve ? L'au-delà du fantasme les rapproche paradoxalement du réel.

Sonam Tshering, le sirdār du camp de base de l'Everest, lors de la cérémonie sherpa qui marque le début du portage en haute altitude.

7 septembre 1990. Cérémonie. A l'arrivée au camp de base, et avant de commencer le travail de portage en altitude, l'équipe des sherpas consacre une journée à la cérémonie qui marque le début de l'expédition. Cette fois-ci, elle sera particulièrement longue et émouvante. Comme toujours avec les sherpas, l'émotion se vit au pluriel, ferveur et rires. A ce moment-là, ce n'est plus le *sirdār* qui a l'autorité, mais Nawang Thile, un des sherpas d'altitude qui est aussi lama. Offrandes et incantations baignées dans la forte odeur du genévrier qui brûle. Devant se lever, Nawang Thile ne trouve pas ses chaussures — sans doute l'effet du *chang*, sorte de bière qui accompagne aussi bien les fêtes que cette cérémonie. Nous plaisantons : « Un lama n'a pas besoin de chaussures. » Ce à quoi un autre sherpa nous répond : « De même qu'il n'a pas besoin de manger. Mais ça, c'était valable il y a trois cents ans ! »

Qui habite la haute montagne ? 13 septembre. C'est fou la circulation qu'il peut y avoir là-haut... Mais elle est presque exclusivement composée de sherpas, surtout durant cette phase initiale. Les membres des expéditions sont encore en train de s'acclimater à l'altitude. Les sherpas sont ici chez eux, en groupes, dégageant un curieux mélange de ferveur religieuse — des tracts de prière sont jetés aux abords de toutes les zones dangereuses — et de décontraction totale.

Laconisme. Interview d'un sherpa sur les pentes du col Sud, vers 7 000 mètres d'altitude. Une alpiniste française est en train d'équiper la pente en fixant des cordes, faisant la trace très efficacement pendant que les sherpas, derrière, portent le matériel nécessaire, cordes et pieux à neige. « Que pensez-vous de cette femme qui ouvre la route ? – *Unloaded.* (“ Elle est sans charge. ”) »

Everest reality, 2. 26 septembre 1990. Ça y est. L'Everest a atteint une partie des gens du délire pseudo-mystique de l'altitude, et le piège peut se refermer sur eux au moindre écart. Le petit brouillard qui égarera les sens, le courant d'air et les gants perdus qui feront se perdre les doigts, le mousqueton coincé au nœud de la corde qui, pour quelques dizaines de minutes à rester suspendu, ôtera définitivement l'air des poumons. J'ai vu ces fantômes germer dans les comportements. Heureusement, rien n'est arrivé !

Une avalanche. Nous la redoutions, avec raison. De l'arête du Nuptsé, vers 7 800 mètres, une immense avalanche est tombée dans la combe ouest, la grande vallée glaciaire que l'on remonte, de multiples fois, entre 6 200 et 6 700 mètres. Deux personnes sont sur son trajet, un membre de notre expédition : Maurice Brisard, notre médecin dont c'est la première expérience en montagne, et un de nos sherpas. Les deux sont choqués. Le souffle les a projetés à une dizaine de mètres. Ils portent des hématomes sans gravité, dus à des morceaux de glace. La culture commune nous permet d'en parler avec Maurice, de l'aider à assimiler l'événement. Pour le sherpa, la chose est toute différente, car il peut interpréter l'avalanche comme étant un signe néfaste des dieux, et ainsi créer un trouble durable au sein de l'équipe. Nous ne pouvons donc qu'assister à ce que lui dira le *sirdār*, à son arrivée, au camp d'altitude. A notre grande surprise, celui-ci ne compatit pas du tout. Au contraire, il lui reproche d'être parti trop tard, le matin. Cela suffit à désamorcer complètement toute autre signification que le sherpa aurait pu attribuer à l'avalanche.

Portage des sherpas dans les dédales de glace de l'Icefall, cette chute de séracs qui barre l'accès à l'Everest sur 700 mètres.

Corbeaux, choucas, chien. Les corbeaux sont toujours là. Au camp de base, dans la combe ouest, au col Sud, partout où il y a quelque chose à manger. Ils pillent les dépôts de nourriture, sautillent devant les tentes, leur ombre passe au-dessus de nous. Ils sont tellement gros que la reine d'Angleterre n'en aurait pas honte. Un peu plus tard, les choucas. Les sherpas disent que leur arrivée signale la vraie fin de la mousson.

Voilà Kala Pattar, le chien auquel des alpinistes ont donné le nom de la colline de 5 400 mètres qui sert de but aux groupes de trekkers en visite dans le Khumbu. On l'a vu triste de ne pouvoir franchir la première échelle de l'Icefall, ce dédale de séracs instables et de crevasses que le glacier du Khumbu, paisible dans la combe ouest, vomit entre 6 100 et 5 500 mètres. Il accompagnait les alpinistes jusque-là puis pleurait de ne pouvoir continuer. Puis — qui a eu l'idée saugrenue de l'aider à passer la première fois ? — on l'a vu à 7 300 mètres, très à l'aise près du camp d'altitude. Certains pensent même qu'il est monté jusqu'au col Sud. Ensuite, il a trouvé sa propre voie, et il allait au gré de ses affections de passage. Le chien le plus haut du monde ?

Téléphoner chez soi. Un dispositif de téléphone par satellite relie à volonté notre camp de base à l'Europe, et permet de transmettre en permanence des nouvelles de l'expédition. Nous pouvons, bien sûr, appeler à la maison, mais je ne tiens pas à utiliser cette possibilité, supposant que ce rapprochement paradoxal et illusoire pourrait être plus pénible et troublant qu'agréable. Nous pouvons même, partout sur la montagne, avoir une conversation téléphonique, grâce aux talkies-walkies connectés à la base radio. Remontant les cordes fixes qui mènent au col Sud, à près de 8 000 mètres, mon talkie est placé en écoute permanente, je capte une conversation entre Michel Pellé et son amie : « Ça va ? – Ça va. Et toi ? – Ça va. » Frustrant. A cette altitude, les pensées courent plus vite que la conscience.

Pourvu que mes amis ne me fassent pas le coup de me mettre en communication en croyant me faire plaisir !

Le temps juste. Col Sud, avec Sonam Dendu Sherpa et Nawang Thile Sherpa. Nous nous apprêtons pour le jour du sommet, quelques heures à réussir. Nous vivons à un rythme commun, mangeant la même nourriture, examinant le matériel, vérifiant les bouteilles d'oxygène, les détendeurs et les masques. Parce que j'ai envie de connaître un peu mieux leur façon de vivre ces moments-là, je suis le rythme de mes compagnons, j'adopte leur alimentation : *sherpa stew* — délicieux ragoût avec du riz — à midi en arrivant, *tsampa* — semoule très épicée — à 2 heures du matin le lendemain. Tout est fait rapidement mais sans hâte. J'ai plaisir à accomplir ces gestes, ressentant la plénitude de les réaliser dans un temps juste, senti, sans être « parasité » par aucune précipitation, ou par le désir d'en avoir fini. Le sentiment de donner ainsi l'assise indispensable à la montée vers le sommet.

Érik Decamp et Sonam Dendu Sherpa au sommet de l'Everest en 1990. Les appareils à oxygène sont encore presque toujours utilisés. Au fond, le Makālū.

A l'altitude des avions. 5 octobre 1990. Jusqu'à 8 200 mètres je connaissais, pour être allé une autre année au Cho Oyu, un des géants voisins. On pourrait se dire que l'Everest, c'est juste 650 mètres de plus. C'est vrai, mais les dimensions qui s'ajoutent engendrent ici l'altérité, et c'est sans doute cela qui reste le plus fort. Comment, en si peu de mètres et avec une telle lenteur de progression, le paysage peut-il sembler si lointain ?

Retour du sommet. Col Sud. Combe ouest. Icefall. J'arrive vers le camp de base et je ne réalise pas bien. Je devrais sans doute être heureux, enthousiaste, prolixe. Quelqu'un va sûrement me demander quelque chose. Même en sortant d'un bon film, je n'ai rien à dire, sinon que j'ai aimé. Heureusement, ce sont des amis qui m'accueillent, pas des questions. Simplement contents de me voir et de savoir que j'y suis arrivé.

Bawa Sherpa. Il est apparemment très jeune, le visage enfantin, rond. Les autres sherpas l'appellent Babu, le nom qu'on donne aux enfants. Par contraste, son énergie et sa constance nous étonnent, portage après portage. Le projet de Marc Batard, autour duquel l'expédition s'articule, est de gravir l'Everest, d'y passer une nuit, de redescendre au col Sud et de gravir le Lhotse, le lendemain. Bawa doit l'accompagner pour cette deuxième journée, ce qui exclut, pour lui, la possibilité de monter sur l'Everest. En fait, Marc, après avoir passé deux heures au sommet de l'Everest, décide de redescendre le soir même, de nuit, par prudence. Le lendemain, il renonçait au Lhotse. Bawa est avec lui, au col Sud. Voyant qu'il n'irait pas au Lhotse, il demande à Marc l'autorisation de monter au sommet de l'Everest, seul. Il y réussit.

Le grand travelling. Nous descendons en une journée ce que nous avons monté en trois jours, du camp de base à Namche Bazar. Retour vers la France à la fin de l'expédition. La journée s'étire. Après la descente qui suit Thyangboche et la

Claude Jaccoux lors de la sortie Messner sur la face sud de l'Aconcagua en 1993.

remontée sur l'autre rive de la vallée, le sentier parcourt presque à l'horizontale le versant escarpé, franchissant de nombreuses crêtes. Combien ? A la lueur du jour tombant, chaque crête franchie ravive le souhait qu'elle soit enfin la dernière. Envie de voir les premières lumières de Namche. Je suis fatigué par l'ascension des jours précédents. Cette marche passe avec un sentiment d'étrangeté. Mes jambes et mon corps me portent machinalement, sans relation avec mon regard qui s'avance en glissant. Je perçois ce mouvement comme un long *travelling* avant de trois heures. Les nuages, tantôt accrochés tout près de moi, tantôt là-haut, révélant, à travers une déchirure, les dernières lueurs du jour sur un sommet, accentuent l'effet cinématographique de cette marche irréelle.

Aconcagua
Face sud, 1993

El viejo lobo del mar. Les artistes ont déserté le Caminito en ce 7 février, et la rue, habituellement si animée, est aujourd'hui envahie par les eaux, tout comme d'autres quartiers de Buenos Aires ravagés par cette inondation historique. Nous parcourons les trottoirs, les pieds dans l'eau, dans une atmosphère de pluie battante et de tempête. Les informations diffusent des images de la côte, qui évoquent plus l'Écosse que les plages à la mode des côtes argentine et uruguayenne. Nous ne verrons ni Punta del Este, ni Mar del Plata, ni Pinamar, ni l'hôtel Ostende où Saint-Exupéry a écrit *Le Petit Prince.* Condamnés consentants à nous imprégner de l'atmosphère de la ville durant quatre jours, nous allons de savoureux *bifes* en langoureux tangos avec, dans les yeux, la lumière des journées passées sur l'Aconcagua, qui s'est décidément montré très clément avec nous — malgré une phase de temps douteux qui m'a empêché de réussir, avec un groupe de Terres d'Aventure, l'ascension de la voie normale. Avec ce cynisme dont est capable la nature, le soleil s'est installé, dès le départ du groupe, pour ne se ternir qu'à la fin de la voie normale, que j'ai pu gravir avec l'un des membres, Alain Roussey. Puis, avec Claude Jaccoux, nous avons grimpé la face sud.

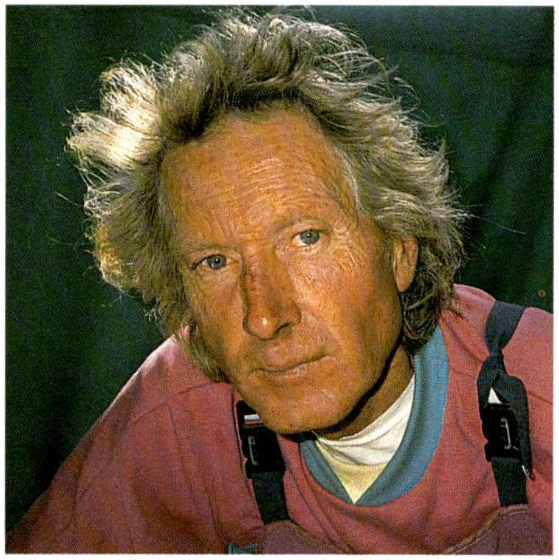

Claude Jaccoux est l'un des premiers guides de haute montagne à avoir amené avec lui des clients sur des sommets des 8 000.

Lorsque, deux mois plus tôt, je propose à Claude de me rejoindre sur place, à la suite du voyage qu'il faisait en Patagonie, quelques jours suffisent pour qu'il se décide. Je sens poindre comme un retour de ses envies d'alpinisme. Lui qui avait accompli quelques-unes des ascensions marquantes des années où j'étais encore nourrisson. Une sorte de démon de midi. Cette escapade dans un itinéraire technique des Andes allait lui rappeler la première de la face nord du Huascarán.

Claude arrive le 23 janvier. Il ne dispose que d'une petite semaine pour s'acclimater sur la voie normale, mais je compte bien sur ce que l'expérience apporte comme économie pour que la brièveté de cet acclimatement ne soit pas un handicap dans la voie des Français. Le 29 janvier, vers 14 heures, du pas prudent de ceux qui veulent se réserver jusqu'au dernier moment la possibilité d'y aller ou non, nous scrutons le pied de la face sud, après un passage de quelques dizaines de minutes seulement au camp de base. Nos sacs sont à l'abri, et nous prenons le recul nécessaire pour décider du côté par lequel il faut aborder l'éperon. A droite, 300 mètres de rocher facile, avec des incursions dans l'axe d'un sérac dont les traces d'avalanche toutes blanches trahissent l'agitation récente. A gauche, 300 mètres de neige, plus rapides, mais avec, au-dessus de nos têtes pendant au moins vingt minutes, une cascade de séracs à tous les étages de la face. C'est l'apocalypse si quelque chose bouge. Si journal il y avait eu, et avec un peu de bonne foi, celui-ci aurait sans doute écrit : « Nous allons voir si l'itinéraire de gauche nous plaît. Il ne nous plaît pas. On y va. » L'inquiétant silence au-dessus de nos têtes n'aura pas été troublé, et le bivouac vers 4 600 mètres fait office de cerise sur le gâteau. Quinze mètres carrés de sable fin sur l'éperon, à l'abri de tout danger.

Partis avec l'idée de prendre notre temps, c'est un peu surpris que nous nous retrouvons, le lendemain, sur le glacier supérieur, vers 5 600 mètres d'altitude, après avoir côtoyé, durant cette longue journée, Thor Keyser et Stuart Ritchie. Ils étaient partis, le matin même, du camp de base et étaient bien décidés à sortir en deux jours.

Le rythme ralenti du lendemain matin en décide autrement. Après un réveil plutôt mou et deux heures pour remonter les 250 mètres du glacier, nous décidons, tous, d'en rester là. A midi, nous plantons le bivouac sur le plat du glacier, au pied du ressaut terminal. Nous avons tout un après-midi devant nous, pour nous reposer, avec ce sentiment de bien-être inquiet que donne le fait de perdre du temps, dans ce lieu si agréable, tout en ayant, aussi, parfaitement conscience que, si le ciel venait à changer de couleur dans les prochaines heures, ce havre deviendrait un sinistre piège...

Les nécessités du *happy end* faisant parfois loi, Monsieur Météo nous couve d'un œil suffisamment bienveillant pour que le lendemain soir, 1er février, après être sortis de la face, nous puissions de nouveau goûter les joies de la bière.

Retour à notre point de départ. *El viejo lobo del mar*, comme l'avaient surnommé nos amis argentins, signait ainsi cette grande ascension pour inaugurer l'année de ses soixante ans. J'avais le plaisir de partager cette inoubliable aventure, comme pour couronner plusieurs années de complicité acquise au cours d'expéditions qu'il m'avait proposé de guider les années précédentes.

Le temps de la marche d'approche est un moment particulier qui permet de se laisser envahir par les merveilles du paysage.

Approche du Makālū, 1993

Les lieux se suivent. Pas un souffle de vent. Atmosphère fraîche à l'arrêt, et torride au moindre mouvement. Il nous est impossible de marcher sans que la sueur ne dégouline dans le dos et à la racine des cheveux. Atmosphère de fin du monde, immobile... Enfin les premières gouttes d'une pluie attendue, chaque soir, depuis trois jours. Atmosphère irréelle d'un constant et profond sommeil, entretenue par cette sorte d'abrutissement cotonneux qu'accompagne la lecture excessive.

Dans la marche d'approche, le plaisir de la découverte est progressivement relayé par le sentiment de s'installer dans la durée, dans la répétition des gestes quotidiens et des paysages. Nous apprécions notre progression à la lenteur de quelques heures de marche par jour et des arrêts en ces lieux aménagés pour le repos. Terrasses dallées et bancs de pierre, à la hauteur qui convient pour poser les hottes. Le front est soulagé de la charge. Les porteurs se retrouvent, échangent quelques mots et prennent leur place dans le paysage, tout en le contemplant. La marche ne semble pas dirigée vers un autre but que celui d'avancer encore. Chaque moment distille le plaisir de cette concordance miraculeuse du corps et du regard, lorsque le bonheur des formes et des couleurs fait écho au bien-être physique du déplacement.

L'émerveillement d'Annie Destivelle nous a accompagnés à chaque étape de cette approche. Elle a vécu ici un très beau moment avec sa fille, en dehors du stress de la vie quotidienne. Voir, d'un peu plus près, ce qu'est l'ambiance de départ d'une expédition, être bouleversée par les chocs culturels lors des journées de visite à Kātmāndū. Avoir senti l'atmosphère intérieure du chemin, qui mène à la très haute montagne.

Au camp de base, univers minéral chaotique au milieu duquel quelques cailloux semblent mieux rangés que les autres. Le staff népalais est une présence bienveillante qui nous rappelle que la vie n'est pas seulement sur ce Makālū.

L'ALTITUDE

Les effets de l'altitude, « petits pas, petit souffle », en font un monde à part. L'oxygène se fait rare parce que la pression atmosphérique est plus faible, les échanges d'oxygène sont plus difficiles, réduisant les capacités physiques mais aussi celles du cerveau. Le danger ultime est une rétention d'eau dans les tissus des poumons, ou dans le cerveau : l'œdème aigu du poumon, OAP, en termes savants, ou l'œdème cérébral. On en meurt.

Ce que l'on appelle le « mal des montagnes », ce sont ces signes précurseurs qui témoignent d'une adaptation difficile et insuffisante à l'altitude : maux de tête, nausées, lenteur et incohérence. Ces symptômes ne sont pas réservés à la haute altitude. Au sommet du mont Blanc, les alpinistes connaissent bien cette sensation bizarre qui n'est pas seulement la fatigue, mais aussi l'altitude. Ces signes disparaissent en descendant. En altitude, descendre est le seul vrai remède. Cela devient même spectaculaire : on dirait que tout est oublié. Encore faut-il descendre à temps, car, à partir d'un certain stade, il est difficile de récupérer. La respiration spongieuse et bruyante qui précède le pire dans l'OAP, et le masque de la mort qui l'accompagne, on ne les oublie jamais.

En fréquentant l'altitude, l'organisme s'adapte. Doucement. Le taux de globules rouges dans le sang augmente, ce sont eux qui permettent les échanges d'oxygène. Parallèlement, le sang s'épaissit, altérant l'irrigation du cerveau. Rien n'est parfait.

Curieusement, une excellente forme physique n'est pas la garantie d'une bonne adaptation à l'altitude. Une personne surentraînée peut prendre un coup sévère en arrivant à 5 000 mètres. Car souvent à cette altitude des signes de malaise apparaissent. D'après l'expérience, les gens stressés sont de bons candidats à l'œdème, comme si l'organisme subissait les effets du stress. Leurs nuits sont d'ailleurs difficiles, laissant curieusement resurgir les réminiscences de vieilles terreurs nocturnes de l'enfant. L'adaptation à la haute montagne dépend de notre organisme et non de notre volonté. Il n'y a pas de meilleur remède que la prévention. Dès que l'on atteint 3 500 mètres d'altitude, il faut aller doucement, écouter son corps et ne pas le brusquer. Surtout si on continue à monter. Il faut alors gagner de l'altitude très progressivement, 300 mètres par jour environ. Si des maux de tête apparaissent, par exemple, mieux vaut attendre un jour ou même redescendre un peu. On ne s'en portera que mieux ensuite. Les camps de base se situent souvent vers les 4 500-5 000 mètres. A l'arrivée au camp, l'enthousiasme nous rend toujours très actifs : il faut organiser, trier le matériel, déplacer des pierres pour améliorer l'installation... Mais, dans un délai de quelques heures, des maux de tête plus ou moins violents peuvent survenir. Mieux vaut les éviter, si l'on peut.

L'acclimatation en dents de scie est assez efficace : de 5 000 mètres, on peut gravir quelques centaines de mètres, pour une reconnaissance, par exemple, puis redescendre dormir à 5 000 mètres. Progressivement, on s'habitue à l'altitude. Les nuits n'en sont que meilleures.

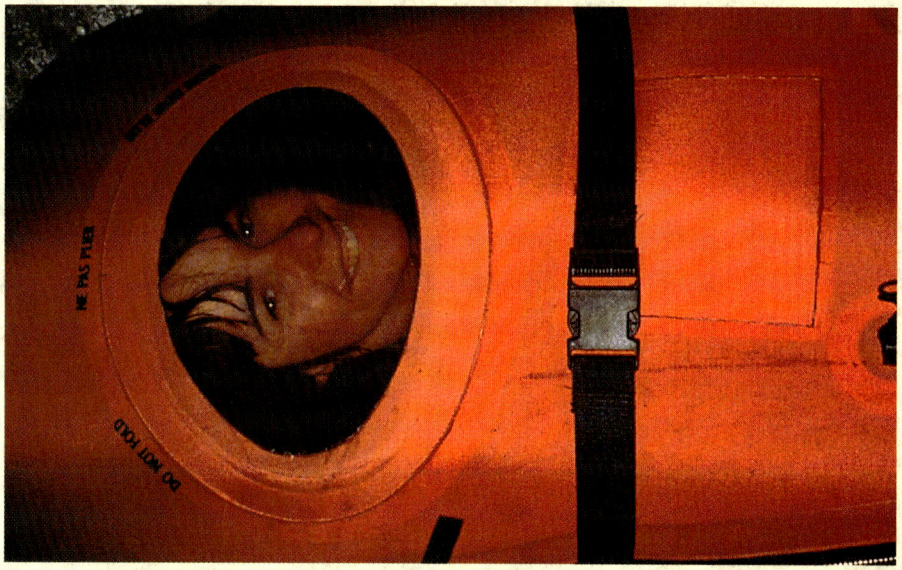

Essai d'un caisson hyperbare qui permet aux personnes atteintes du mal des montagnes de se retrouver dans des conditions d'altitude moindre.

Petit à petit, on peut envisager de dormir plus haut. Après une vingtaine de jours, si tout va bien, on peut atteindre les 8 000 mètres. L'organisme conserverait-il en mémoire l'acclimatation à l'altitude ? Aujourd'hui, rien ne permet de l'affirmer. Seule la sensation que l'adaptation se fait plus rapide, d'une année à l'autre, nous autorise à le penser. Mais peut-être avons-nous une forme de mémoire du processus d'adaptation lui-même ?

Malheureusement, on ne s'adapte jamais tout à fait à la très haute altitude : même bien acclimaté, on ne récupère pas vraiment. Même au repos, on se fatigue. A partir de quelle altitude précisément ? C'est bien difficile à dire : mieux vaut éviter de séjourner au-dessus de 7 000 mètres, on est menacé par la dégradation. C'est pourquoi être surpris par le mauvais temps en Himālaya est beaucoup plus risqué que dans les Alpes : pas question de se terrer et d'attendre tranquillement le retour des jours meilleurs, on risque d'être trop faibles ensuite. En Himālaya, plus encore que dans les Alpes, il faut anticiper, savoir prendre des décisions qui s'imposent en tenant compte de ce qui pourrait mal tourner, ne pas s'entêter si la situation n'est pas clairement favorable. Percevoir les signes.

Face à ce problème d'adaptation, il y a deux tactiques. La première consiste à bien s'acclimater à des altitudes modérées, inférieures à 7 000 mètres, pour ne pas perdre en condition physique. Puis on essaie d'aller vite ensuite, sans séjourner en très haute altitude : Troillet et Loretan ont parfaitement appliqué cette tactique sur la face nord de l'Everest. La seconde solution est une autre forme de sécurité. Elle consiste à répartir des camps, comme une échelle, vers le sommet, et monter en dents de scie. Cette tactique, plus traditionnelle, est celle des expéditions lourdes. Lorsqu'il y a des dangers objectifs — séracs, zones avalancheuses, glaciers qui s'ouvrent —, on est plus souvent exposés. La vitesse peut être un facteur de sécurité.

Vue du sommet de l'Everest sur les montagnes situées à l'est : au premier plan le Makālū, au fond le Kangchenjunga et le Jannu.

La marche d'approche, outre qu'elle est très jolie et qu'on aurait tort de s'en passer, est réellement utile pour l'acclimatation. Certains alpinistes, qui se sont soumis à une expérience médicale, ont essayé de s'acclimater à l'avance. Deux options se présentent : la première concerne des séjours de plusieurs heures, à répétition, dans un caisson où on peut simuler la pression atmosphérique de toutes les altitudes élevées. La seconde n'autorise que l'absorption d'une atmosphère appauvrie en oxygène, pendant des phases d'exercice en salle. Les résultats sont intéressants pour la médecine et moyennement concluants pour l'alpinisme. Le gain principal se sent aux altitudes modérées (de 5 000 à 6 000 mètres) où, finalement, on s'acclimate assez vite naturellement. Peut-être avait-on sous-estimé l'importance de l'environnement réel dans l'adaptation ?

Si l'on n'a pas su prévenir, il faut bien essayer de guérir. Le seul moyen : descendre. Si l'on ne peut pas, il faut retarder la rétention d'eau dans les cellules, en prenant des diurétiques. Mais il faut boire d'autant plus. Sinon, il reste l'oxygène médical, lourd et consommable, que l'on peut avoir au camp de base ou que certaines expéditions montent jusqu'à des camps d'altitude. Il y a quelques années a été mis au point un caisson hyperbare qui permet de perdre de l'altitude en restant sur place. C'est un sac dans lequel on met le malade. Il suffit ensuite de le gonfler pour restituer une pression atmosphérique plus élevée. Il faut quelqu'un pour pomper. On peut l'utiliser autant de fois qu'on veut. Nous en prenons un pour le camp de base. Le caisson ne dispense pas pour autant de descendre, il permet seulement de se refaire une petite santé avant d'entreprendre la descente.

Est-ce indispensable de prendre de l'oxygène pour monter ? La réponse ne peut pas être catégorique. D'une part, être en très haute altitude, au-dessus de 8 500 mètres, représente de très gros dangers pour l'organisme toujours plus affaibli. On peut penser qu'il faut prendre de l'oxygène. Mais, par ailleurs, l'oxygène est lourd à transporter et pas très satisfaisant pour l'esprit. Certains préfèrent s'en passer. Pour ce que nous allons faire, nous, il est inutile et nous en aurons déjà assez sur le dos.

PORTEURS ET SHERPAS

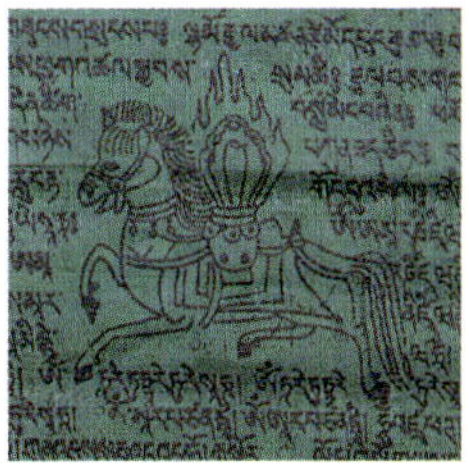

Larousse universel, 1923. Le nom Sherpa n'existe pas. A cette époque, le Népal est un pays fermé dont on sait peu de choses. Les premières expéditions himalayennes qui, dès le début du siècle, transitaient par Darjeeling avaient sans doute employé des sherpas, mais les récits d'alors font mention de *coolies*, sans opérer de distinction entre les ethnies pourtant très différenciées. C'est à partir de 1953, année de la première ascension de l'Everest par le Néo-Zélandais Edmund Hillary et le Sherpa Tensing Norgay, que ce peuple acquiert la popularité qu'on lui connaît aujourd'hui. Pour la première fois, l'un d'entre eux était propulsé au rang de héros international, et les *sahib* mettaient en valeur le rôle essentiel que les sherpas avaient joué dans le succès de cette expédition.

Les Sherpas forment une ethnie vivant sur les contreforts de la chaîne himalayenne aux alentours de l'Everest. Ce peuple est estimé à 24 000 personnes recensées sur les trois principaux districts les plus élevés du Népal.

Sherpa, ce nom est aujourd'hui associé à une image tantôt folklorique, tantôt métaphorique. Connus pour leur bonne humeur, leur bravoure et leur dévouement, assurant pour les expéditions les portages difficiles, les Sherpas prêtent leur nom et une partie de leur symbolique aux conseillers des chefs d'État qui préparent, au prix d'un travail énorme, les réunions au sommet. D'autres sommets…

Pour beaucoup, les habitants du Népal, voire l'ensemble des peuples qui vivent en Himālaya, sont des Sherpas. En réalité, ils constituent une ethnie extrêmement localisée, implantée dans la région de Solu-Khumbu, réunion de trois territoires situés dans la partie est du Népal et à proximité de la frontière avec la Chine (le Tibet). Les Sherpas vivent au Solu, situé à une altitude moyenne de 2 500 mètres, au Pharak, étroite bande le long de la Dudh Kosi (« Rivière de lait »), torrent issu des vallées voisines de l'Everest, et au Khumbu, entre 2 500 et 4 500 mètres, dominé par quelques-uns des toits du monde, dont l'Everest. Les principaux villages de ces régions font maintenant partie des lieux réputés du tourisme au Népal. Junbesi et Phaphlu pour le Solu, et surtout Lukla pour le Pharak, avec son terrain d'atterrissage qui permet le fonctionnement d'une ligne à peu près régulière avec Kātmāndū, et enfin Namche Bazar pour le Khumbu.

Les Sherpas ont une âme de voyageurs. Ici, Mima et Pema, venus en France pour faire la cuisine aux enfants de l'école de montagne de Catherine Destivelle.

Les ancêtres des sherpas actuels semblent provenir de la région de Kham Salmo Gang, qui s'étend à l'est du Tibet. Sherpa signifie les « hommes de l'Est ». Des documents mis au jour dans le Solu attestent leur traversée, il y a environ quatre cents ans, par le Nangpa La, un col situé à 5 700 mètres d'altitude. Ce col est recouvert par un glacier, mais son accès est facile depuis Tingri, au Tibet, ou depuis Thame et Namche Bazar, au Népal. Ce qui correspond au Khumbu actuel était, à l'époque, une région inhabitée recouverte de pâtures et de forêts.

D'autres passages existent le long de la barrière himalayenne, ils ont permis l'implantation de diverses populations bouddhistes, d'origine tibétaine, dans les hautes vallées frontalières, au nord de l'Inde — à l'ouest — jusqu'au royaume du Bhoutan — à l'est. Ces ethnies sont regroupées sous le nom de *Bhotia* (*Bhot* est le nom indien pour le Tibet), et présentent de fortes similitudes culturelles avec les Sherpas.

Échanges d'hier

Les passages qui ont permis de telles migrations servaient aussi aux échanges commerciaux entre le Tibet et le Népal, entre la Chine et l'Inde. L'Himālaya n'est pas la barrière infranchissable que l'on pourrait imaginer car, à la différence des Alpes, cette chaîne n'est pas une ligne de partage des eaux. Ainsi la rivière appelée Tsangu au Tibet longe l'Himālaya d'ouest en est, et recueille, au passage, les eaux descendant du versant nord de l'Everest. Elle devient Brahmapoutre à son entrée en Inde et se jette dans le golfe du Bengale en se mêlant au Gange qui, lui, prend sa source en Inde sur le versant sud de la chaîne. La ligne de partage des eaux se situe au nord de l'Himālaya et, dans certaines régions, comme à Manang, le passage de la frontière chinoise se fait le long d'un plateau, sans rupture. Aujourd'hui, la route qui relie Kātmāndū à Lhassa traverse la chaîne himalayenne en empruntant une vallée qui monte sans discontinuer, du Népal vers le plateau tibétain. De Kātmāndū à Nyalam aucun col élevé ne s'oppose au passage. Seul le franchissement des gorges fait obstacle, et la principale barrière physique sensible est un spectaculaire changement de climat qui fait passer, sans transition, de la jungle au désert.

Les Sherpas ont su mettre à profit leur situation géographique pour acquérir une place privilégiée le long de l'axe commercial qui traverse le Nangpa La. En d'autres endroits, les ethnies d'origine tibétaine se sont placées au cœur des échanges. Ainsi, lorsqu'on arrive à Gunza, grand village situé dans une haute vallée à l'extrême est du Népal, au pied du Jannu, on est saisis par l'impression de richesse qui contraste avec l'ambiance des vallées traversées au cours de la marche de douze jours qui y mène. Là aussi, il y a un passage pour les caravanes de yaks.

Le Nangpa La, col de plus de 5 700 mètres, est sans nul doute celui qu'empruntèrent les clans tibétains venus s'installer dans les hautes vallées du Khumbu.

Vers le Tibet circulaient toutes sortes de graines, du beurre, des pommes de terre séchées, du sucre, des teintures végétales, de l'encens, du papier, des peaux de buffle, des vêtements en coton. Du Tibet venaient du thé, du sel, des peaux de mouton, des fourrures, des vêtements de laine, des tapis, de la soie chinoise, des livres religieux, des objets rituels. Les transactions portaient aussi sur les bêtes utilisées pour acheminer, deux ou trois fois par an, ces marchandises en franchissant le Nangpa La. Les naks (femelles des yaks) étaient importées du Tibet, les dzopkyos exportés. Namche Bazar représentait un lieu de transit obligatoire, ce qui a permis le développement d'une population de Sherpas devenus de riches marchands. Il ne subsiste, de cette époque, qu'un marché hebdomadaire haut en couleurs.

Dès 1959, avec l'occupation du Tibet par la Chine, ces échanges sont, dans un premier temps, interdits par la fermeture de la frontière, puis rendus obsolètes, parce que les commerçants sherpas étaient tenus d'acheter les denrées dans les magasins chinois. Tout un pan du commerce de cette région disparaît alors, et avec lui des échanges culturels et familiaux. Malgré tout, à la suite de cette longue période de relations suivies, le réseau commercial, amical et même familial des Sherpas reste étendu de l'Inde au Tibet, et certains d'entre eux ont même de la famille à Tingri, Shigatse ou Lhassa.

Ouverture d'aujourd'hui

Cette phase d'étranglement des échanges commerciaux a coïncidé avec le développement du tourisme et des expéditions. Depuis lors, les Sherpas ont su montrer, par-delà leurs capacités physiques particulières en haute altitude, ce sens du commerce qui leur permet de bénéficier à nouveau d'un statut particulier dans la société népalaise, et dans les rapports de celle-ci avec le monde occidental.

Avant l'ouverture du Népal aux étrangers, Darjeeling était devenu un des lieux d'émigration des Sherpas les plus entreprenants, qui voulaient saisir de nouvelles opportunités de travail liées aux expéditions. Depuis l'ouverture du Népal aux étrangers et le développement du tourisme, Kātmāndū est devenu le pôle d'attraction, et de nombreux Sherpas ont créé leurs propres agences de trekking qui fournissent, aux agences de voyage, un ensemble de multiples prestations sur place. Leur sens commercial, leur facilité de contact, et leur inventivité font qu'aujourd'hui nombre d'entre eux ont des relations, en général très amicales, dans le monde entier. Le commerce leur donnait une extension du Tibet jusqu'à l'Inde. Les nouvelles activités dans lesquelles ils ont su se placer les font voyager jusqu'en Europe, au Japon, en Corée, aux États-Unis, même dans les périodes hors saison.

Le grand lama de la ville de Thyangboche, centre religieux de tout le pays sherpa célèbre pour son monastère, a fait ses études dans le non moins réputé monastère de Rongbuk au Tibet.

Lieux et liens religieux : Thyangboche, Rongbuk

De part et d'autre de l'Everest, Rongbuk (au Tibet) et Thyangboche (au Khumbu) sont deux monastères majeurs dont l'histoire est une autre lecture de la communauté sherpa et de ses relations avec le Tibet d'hier et d'aujourd'hui. Ces deux lieux, très proches de l'Everest, sont marqués par la présence de cette montagne consi-dérée comme une divinité : Sagarmatha est son nom népalais, Chomolungma son nom tibétain. La figure légendaire, associée aux plus grands lieux du culte bouddhiste dans le Khumbu, est Lama Sanga Dorje, contemporain des premiers arrivants, il y a quatre cents ans. Sixième réincarnation de Chag-Na-Dorje, ses réincarnations ultérieures seront les abbés du monastère de Rongbuk. C'est à Rongbuk qu'il mourra. C'est aussi à Rongbuk qu'étudiera, à l'âge de seize ans, celui qui allait devenir le grand lama actuel de Thyangboche, après avoir été reconnu, enfant, comme la réincarnation de Lama Gulu, fondateur en 1923 de ce monastère. Aujourd'hui, c'est vers Thyang-boche que se sont enfuis certains moines de Rongbuk chassés par l'oppression chinoise toujours plus violente.

Thyangboche est un joyau, servi par la proximité de l'Ama Dablam, l'un répondant à l'autre en un paysage inoubliable. Rongbuk était un très grand monastère, dans un lieu sauvage, marqué par la présence lointaine et majestueuse de l'Everest, Thyangboche a été détruit à la suite d'un court-circuit. Rongbuk a été méthodiquement mis à sac par les Chinois avec la complicité de Tibétains qui voyaient en la révolution une chance de sortir de la féodalité entretenue par les moines. Comble d'ironie, le *chorten*, qui restait encore, s'est à moitié écroulé lors d'un tremblement de terre en 1988. De cette destruction systématique qui s'étend sur tout le Tibet avec l'efficacité désastreuse que l'on sait, il reste à Rongbuk ses ruines d'une tristesse bouleversante, quelques

Fête de Mani Rimdu. Le bouddhisme tibétain est une religion complexe. La distinction entre bonnets rouges et bonnets jaunes ne traduit qu'une infime partie des différences entre sectes réformées et non réformées.

fresques sur un mur à ciel ouvert, une petite salle de culte et une dizaine de moines sur les six cents d'autrefois. Thyangboche est aussi un temple du tourisme. Aujourd'hui, sa reconstruction est achevée. En même temps Rongbuk et le Tibet étouffent malgré le prix Nobel du dalaï-lama. Mais ce dernier, il est vrai, n'habite plus le pays.

Clivages

Aujourd'hui, les Sherpas occupent, au sein de la société népalaise, une place singulière. Ambassadeurs les plus réputés du Népal, ils sont presque totalement absents des postes importants de l'administration. Parallèlement, ils contrôlent presque toute l'infrastructure des services pour le trekking, fer de lance du tourisme, le produit essentiel du pays. On pourrait imaginer qu'en réponse à l'enrichissement et à l'ascension sociale de certains Sherpas grâce au tourisme, la constitution d'une élite aurait permis l'accès aux plus hautes fonctions.

Il faut cependant garder à l'esprit qu'avant 1961 l'instruction était réservée à ceux qui recevaient une éducation religieuse et, aussi remarquablement diffusée qu'elle ait pu être, elle se limitait à la lecture et à l'écriture du tibétain. En 1961, l'Himalayan Trust, organisation caritative fondée par Sir Edmund Hillary, entamait un programme de scolarisation pour les Sherpas. A la première école primaire créée avec succès à Khumjung, au-dessus de Namche Bazar, ont succédé celles de Pangboche, Thame et Rolwaling. En 1983, la rémunération des instituteurs était encore partiellement assurée par l'Himalayan Trust.

Par ailleurs, le pouvoir a toujours appartenu aux

hindouistes. Aujourd'hui encore, les partis à dominante hindouiste reçoivent l'appui de l'Inde, qui voit ainsi son influence renforcée dans un Népal en mutation. Face aux transformations actuellement en cours — changement de statut du pouvoir royal, adoption d'une constitution, mouvement vers une démocratie —, les Sherpas se retrouvent dans une situation pleine d'ambiguïtés, avec un avenir problématique. En effet, leur potentiel de développement actuel repose sur le tourisme, plus précisément sur le trekking et, marginalement, sur les expéditions.

Or, les porteurs des vallées constituent une part importante du prolétariat népalais, auquel s'adresse, avec plus ou moins de démagogie, le discours du changement. Des réunions syndicales ont lieu dans tous les villages, à la grande surprise des trekkers qui croient traverser des campagnes au bout du monde et découvrent que l'information et la prise de conscience politique circulent aussi à pied. Si le prix de journée passait de soixante ou quatre-vingts roupies à deux cents ou trois cents roupies, l'équilibre financier des agences de trekking s'en trouverait bousculé, sauf à pratiquer des prix qui changeraient les données du tourisme. Les porteurs sont aussi, et surtout, le vecteur principal des échanges commerciaux dans les régions où il n'y a pas de route, c'est-à-dire pratiquement sur l'ensemble du territoire népalais. Fin août 1990, l'Association des agences de trekking avait envisagé de cesser toute activité dès le mois d'octobre, début de la saison touristique, si l'augmentation envisagée des tarifs des porteurs se confirmait. Depuis, — influence de ce chantage sur le pouvoir ? — les agences semblent avoir eu gain de cause. Malgré ce répit, les Sherpas implantés à

Les porteurs attendent leur charge sur la route qui mène du Népal à Lhassa, non loin de la frontière. L'expédition est française et elle va tenter l'Everest par le versant tibétain.

Kātmāndū pour vivre du tourisme s'interrogent sur leur avenir professionnel, en relation avec le futur politique du pays. Initiés par leurs contacts et leurs voyages à la diversité culturelle et politique, ils comprennent parfaitement les évolutions en cours et la nécessité d'évoluer vers une société plus démocratique, d'assainir les hautes administrations extrêmement corrompues. Mais bien des mécanismes de leur activité professionnelle s'en trouveraient affectés. Il suffit d'être allé une fois au ministère du Tourisme, ou aux services des douanes, pour constater que l'efficacité est entièrement conditionnée par les réseaux de relations et les *bakchich* grâce auxquels les fonctionnaires compensent leurs très bas salaires.

De plus, le système des castes dans la population hindouiste ainsi que les clivages ethniques pèsent lourd dans l'organisation sociale. Les officiers de liaison, imposés aux expéditions par la réglementation, sont recrutés dans l'administration, l'armée ou la police, et sont souvent issus de la caste des brahmanes. L'administration du parc national du Sagarmatha, créé en 1976 pour contrôler les ressources forestières du Khumbu et son reboisement, est presque exclusivement constituée d'hindouistes provenant d'autres régions. Les Sherpas perçoivent ces faits comme une atteinte à leurs droits sur leur terre.

Certains regardent aujourd'hui avec envie le système adopté par les voisins bhoutanais. Seul un nombre limité de visiteurs est admis chaque année, et à des prix prohibitifs. Le pays s'est fixé dès son ouverture une politique très stricte de préservation des sites, et de respect de la culture ainsi que de l'environnement. Mais, dans ce domaine, on ne fait pas machine arrière.

ODYSSÉE À L'ANNAPŪRNĀ

Le Xixabangma

Nous nous préparons à la face sud de l'Annapūrnā en optant pour un entraînement de choc : la face sud-ouest du Xixabangma. Nyalam, le 25 août. Nous avons fini par passer la frontière chinoise à Khaṣa. Avant Kodhari, poste frontière népalais, la route étant coupée par un glissement de terrain, il a fallu aller chercher le douanier pour qu'il constate le bon état des scellés posés sur notre fret, avant que tout ne soit pris sur 100 mètres à dos de porteurs. De Kodhari à Khasa, il y a tout juste cinq ou six kilomètres, mais que d'étapes ! De la douane népalaise au *Friendship Bridge* : 200 mètres, un camion népalais. Pour traverser le *Friendship Bridge* : 100 mètres, des porteurs. Du pont à Khasa : un camion chinois. A Khasa, et jusqu'à Nyalam : le camion prévu par la TMA (Tibet Mountaineering Association). La douane chinoise sans chinoiserie : il suffit de ne rien avoir à déclarer... La TMA, c'est l'agence de voyages agréée avec laquelle notre

Catherine Destivelle et Érik Decamp scrutent la face sud de l'Annapūrnā pour tenter d'y découvrir leur itinéraire.

expédition négocie. La TMA nous alloue un officier de liaison — jovial — M. Lobsang, et un interprète, Tahsi Dondhup. Les deux sont tibétains et peuvent parler directement avec notre *cook*, Sonam. Le rôle de la TMA est accessoirement de faire une marge de l'ordre de 400 % sur tous les services ! Étonnant racket. A Nyalam : 3 600 mètres d'altitude. Nous tombons des nues.

Nous logeons au Snowland Hotel, une maison récente de style tibétain avec des chambres charmantes et très propres. Pour faire le thé au beurre, l'hôtesse utilise un mixer ! Nyalam, lieu de tous les mélanges... Tibétains à tresses et militaires chinois désœuvrés, bistrots plus ou moins sinistres, quelques haut-parleurs qui gueulent de la musique internationale corrigée à la sauce chinoise... et un dancing. Par malheur, nous arrivons un samedi soir ! Dans ce non-lieu, les hommes dansent entre eux et les femmes tibétaines restent chez elles. On y trouve même le téléphone, et avec un peu de chance on peut appeler la France. Et en plus, il y a la télévision...

Camp de base du Xixabangma.

31 août. Pour mener nos treize yaks vers le camp de base, nous avons six *yaks drivers*. Et l'on comprend vite leur utilité : dès qu'il n'a plus personne sur son dos pour le diriger, le yak s'arrête, broute et change de direction. C'est la politique du chacun pour soi et les *drivers* ne cessent de les ramener sur le bon chemin. Quand une charge tombe, il faut être trois pour la recharger. Pendant ce temps, les douze autres yaks mènent leur vie, et nous mettons souvent la main à la pâte : il suffit de se poster pour les empêcher de passer, jamais il ne forcera le passage. Une fois à Nyalam, Tashi nous dit : « Le pont est détruit, il faut le reconstruire pour passer avec les yaks. » Ce ne fut pas une mince affaire pendant trois jours. Pour finir, le matin du départ, les planches prévues sur le pont sont beaucoup trop lourdes, intransportables. Les yaks passeront à gué. Et ils le font, de l'eau jusqu'au ventre dans un très fort courant.

3 septembre. Il neige... La mousson qui règne encore sur le Népal pousse l'air sec du Tibet. C'est un bras de fer qui s'engage entre les deux climats tandis que nous nous trouvons juste à la limite des deux. Brouillards, nuages bas et averses, tout en sentant le soleil proche. Masses nuageuses sur le camp de base, et soleil sur le Xixabangma. Hier soir, nous pouvions voir la « barre » qui fermait le ciel au sud et, dès le milieu de la matinée, la pluie, puis la neige se sont installées ici, à 5 200 mètres. Crépitement sur la toile de tente, seuls les cris des corbeaux percent la ouate. Ils ont découvert hier que nous avions d'intéressantes provisions, mais heureusement ils n'ont pas tout vu. Cette journée est bien tombée. Après les deux jours d'approche, deux jours d'acclimatement et une longue journée hier pour trouver le meilleur chemin jusqu'au pied de la face, nous avions besoin de repos. Au soleil, nous ne l'aurions pas pris.

4 septembre. Il ne neige plus... En ce milieu d'après-midi, la masse de nuages semble se déchirer. Est-ce un caprice ? Nous profitons de l'occasion, avec

Sonam, pour aller chercher un bon chemin qui nous conduirait au pied de la face. Il y a deux jours, nous sommes partis du camp de base par une jolie combe herbeuse menant à un plateau. Des cairns marquaient visiblement le chemin, mais au bout du plateau une mauvaise surprise nous attendait : il a fallu descendre jusqu'à un lac, sur un éboulis instable et dangereux. Là, nous découvrons avec émerveillement un deuxième plateau, une sorte de désert suspendu où s'enfuit devant nous un troupeau d'une vingtaine de gazelles. Le premier plateau était un épisode que nous avons pu contourner, le deuxième nous mènerait sûrement très naturellement. Mais en réalité, la même surprise nous attendait : un vaste éboulis à traverser et à descendre pour rejoindre enfin de belles combes herbeuses menant à un petit lac idyllique. Enfin !

Atmosphère du haut plateau tibétain.

7 septembre. Le froid. Il est presque 5 heures du matin. Il fait encore nuit noire. Aucune lueur à l'horizon. Ici, il n'y a ni crépuscule ni aube, ce n'est pas comme chez nous. Le jour se lève comme la nuit tombe, d'un seul coup. D'ailleurs, à quelle heure se lève-t-il ? Finalement, nous ne le savons pas très bien. 5 heures ? 5 heures 30 ? En attendant, nous continuons de monter, tout doucement, juste ce qu'il faut pour ne pas nous refroidir. Nous sommes vers 6 700 mètres dans la face sud-ouest du Xixabangma et nous avons atteint notre objectif : faire connaissance avec l'itinéraire, et améliorer notre acclimatation à l'altitude. Jusque-là nous n'avions pas dépassé 6 000 mètres. Ce processus se fait au rythme accepté par l'organisme, il est inutile et dangereux de vouloir le forcer. Aussi, nous nous acclimatons assez tranquillement, maintenant nous nous sentons très bien vers les 6 000 mètres. Partis vers 1 heure de notre tente à 5 800 mètres, au pied de la face, nous sommes montés régulièrement et sans forcer.

Première goulotte peu raide, un petit mur de glace pour franchir un ressaut rocheux, les passages repérés à la jumelle depuis le bas ne posent pas de problèmes. Attendant le jour pour descendre, nous continuons à monter, cela réchauffe et nous permet de mesurer notre forme. Décidément, le jour se fait attendre. Finalement, nous décidons d'arrêter là, pour ne pas trop solliciter nos réserves : cela ne nous avancerait à rien.

Descente à reculons dans ces pentes gelées. D'un seul coup, le jour. Vers 8 heures 30, nous retrouvons notre tente en plein soleil, il fait une chaleur étouffante et, chacun à notre tour, nous manifestons quasiment les symptômes de l'insolation. C'est le moment de retrouver notre camp de base, l'herbe, le ruisseau, un monde plus doux, plus tempéré. Long retour, la dernière remontée nous porte le coup de grâce. Sonam est venu à notre rencontre avec du Tang, cette délicatesse en poudre, c'est très « sherpa ». Ainsi va l'Himālaya...

Depuis le 10 septembre, nous sommes au pied de la face à 5 800 mètres. C'est l'endroit de notre camp de base avancé, seule tente installée en permanence, au bord du glacier.

12 septembre. Nous atteignons vers 8 heures un point vers 7 150 mètres que nous avions repéré. Deux heures pour tailler une plate-forme, creuser une grotte dans la neige et dans la glace, et pour boire un peu. A 10 heures, nous décidons de descendre, un peu inquiets du temps. Il nous faudra cinq heures, à reculons dans une neige pourrie qui colle aux crampons. Bien inspirés : sur l'agenda, jusqu'au 16, il n'y a plus que des nuages, avec des flocons !

18 septembre. Quel beau dimanche ! Ciel clair, neige brillant des premiers reflets du froid. Nous nous habillons et « dînons » aux dernières lueurs du jour. Aucun signe néfaste sauf cet altimètre du dernier instant : sorti machinalement de la poche, « pour vérification », comme on dit. Il accuse une montée de quarante mètres ! Cela signifierait une forte baisse de pression, très brusque, très improbable d'après ce que l'on voit. Quand on consulte l'altimètre, on le tapote toujours avec le doigt pour être sûr que l'aiguille se place dans sa position définitive. Ouf ! elle revient à sa position normale : 5 800 mètres. Crampons aux pieds, bonnets vissés sur les têtes, et sur le point de partir : nous faut-il renoncer encore ce soir, dans le doute ? Chacun de nous sait qu'une indication comme celle-là est vitale. Chacun a, au moins une fois, sauvé sa vie grâce à l'altimètre. Nous décidons que partir ne nous engage guère et qu'il suffira de faire demi-tour si le ciel se charge. Mais le stress s'est glissé insidieusement dans notre nuque.

En haute altitude, la mousson et le mauvais temps givrent tout : même le visage en prend un sacré coup !

Partis vers 19 heures, nous comptons arriver à la grotte vers 3 heures du matin après quelque 1 400 mètres de dénivelée, profitant de la lune et de l'atmosphère nocturne plus sûre — il fait froid. Nous allons prendre notre rythme : alternativement, l'un des deux passe devant et l'autre porte le sac commun. Celui qui est devant choisit le meilleur chemin, fait la trace, et l'autre suit. Ce n'est ni le même effort ni la même attention et chacun est content de changer le moment venu. La neige est cassante, on s'enfonce, on a trop chaud et on a l'impression de se fatiguer pour rien. Toutes les demi-heures, nous scrutons le ciel. Il se charge de cirrus et de nuages noirs. Nous continuons pas à pas, mais avec l'impression de monter à reculons. Chaque mètre gagné nous engage un peu plus.

Plus haut, la lune s'en mêle : elle change les perspectives, nous prenons un couloir pour un autre, peut-être croyons-nous désormais mieux connaître le terrain et le regardons-nous moins attentivement, sûrement prenons-nous notre désir d'arriver pour une réalité. Bilan : perte de temps, fatigue, stress d'une pente de neige malsaine, et faille intérieure croissante. Pour finir, on arrive à la grotte au tout petit jour. Nous avons mis deux heures de plus que la dernière fois, nous sommes fatigués. Mais maintenant, nous voilà « dedans », ce n'est plus l'heure pour un demi-tour, nous allons nous enfourner dans la grotte et nous y reposer un bon coup. Nous ressentons la lourde menace de la neige, et le fait de nous savoir en sécurité n'a

lafuma
Whirlpool
Neutrogena
reusch

pas de prix ! La nuit nous cueille dans une installation où nous sommes parvenus à trouver un certain confort et, chose étonnante, de la chaleur. Une mosaïque de matelas, de coques plastique, de sacs à dos et de vêtements nous isole du sol froid. En guise de porte : une couverture de survie, soutenue par un branlant échafaudage de bâtons de ski et de piolets. Elle nous isole du froid extérieur le mieux possible. Nos pieds sont emballés dans une veste de duvet une autre nous recouvre le haut du corps.

Pour le reste, la chaleur du corps et l'isolation de la neige nous permettent d'atteindre une température raisonnable de quelque 5 °C. A un moment donné, nous nous sommes réveillés, comme surpris de dormir. Des mains cherchant alors la porte, l'ouverture, le trou : plus rien, les coulées de neige ont obstrué la grotte. Dehors, le vent souffle, la neige tombe, les avalanches grondent. On en est désormais convaincus : nous sommes allés droit au piège. Malgré tout, et au pire, nous avons assez de gaz pour attendre ici sagement pendant deux jours. Nous verrons au « réveil ».

Mardi 20. A 6 heures du matin, il neige encore et nous nous soucions de savoir si nous allons pouvoir nous en sortir sans prendre trop de risques. Quand descendre ? Passer une journée ici ? Dormir, attendre, penser peu. Pourtant, ce soir à 20 heures, nous serons au sommet de la face sud-ouest du Xixabangma, mais, pour l'instant, nous sommes loin d'y croire. Il y a bien quelques indices pourtant : les étoiles au-dessus de nos têtes, la qualité de l'air qui change, le calme qui s'installe progressivement. Nous n'avons plus le temps, avant le 23 septembre, de descendre nous reposer et de refaire une tentative. C'est maintenant ou jamais.

A 10 heures, nous commençons notre lente ascension au milieu de ce que nous aurions voulu éviter : une trace profonde, un soleil brûlant, un enchevêtrement de « plaques à vent ». S'y aventurer équivaut à risquer l'avalanche. Et ici, la chute est mauvaise. A la nuit, l'intensité du froid nous surprend, mais nous nous connaissons assez bien pour savoir surveiller nos extrémités. Un col marque le haut de cet itinéraire, le haut de la face : coincé entre les deux sommets du Xixabangma, il est dominé par eux de quelques dizaines de mètres.

Nous nous arrêtons au col car les conditions sont vraiment trop dangereuses : juste quelques mètres au-dessous, une plaque s'est détachée et a failli nous emporter tous les deux. Un peu frustrant, d'accord, mais sagesse oblige. Nous sommes vers 7 950 mètres peut-être, photo, bravo, descente. Minuit à la grotte, quatre heures de repos dans les mêmes conditions, la suite de la descente avec quelques sueurs froides. Enfin. Nous avons gravi la face sud-ouest du Xixabangma et nous nous sommes acclimatés pour l'Annapūrnā.

Burinés par le vent, la neige et le soleil, ces deux visages expriment une réelle détermination, la volonté de réussir.

La barrière de l'Annapūrnā se redresse impétueusement lorsqu'on l'approche de près. Elle se fait même menaçante…

Apprivoisement du géant

Depuis quelques jours, nous sommes au pied de l'Annapūrnā et nous le scrutons chaque fois qu'il est visible. Jusque-là, nous ne l'avions aperçu qu'en photo. La muraille est très sèche. Nous pensions remonter un couloir de neige qui débouche à 6 000 mètres : c'est un tas de cailloux. Quelques itinéraires ont été tracés à droite de la voie que nous voulons ouvrir en neige : ils sont barrés de strates rocheuses malsaines. Nous ne savons pas encore si nous devons nous réjouir ou déplorer ce manque de neige. Après tout, sur le pilier rocheux, nous ne verrons pas beaucoup la différence. Ce temps passé à observer, nous ne l'avons pas voulu, mais il nous permet d'apprivoiser doucement cette gigantesque face, de nous y habituer. Le premier matin, on a reçu cette vision comme un choc dans la poitrine ; elle fait peur. De jour en jour, nous la percevons moins effrayante, nous nous y repérons.

En fait, nous avons été arrêtés plusieurs jours à une étape de notre camp de base : les porteurs de vallée qui acheminent matériel et nourriture sont allés au camp de base « ancien », vers 4 200 mètres, mais ont refusé d'aller à l'ancien camp I, à 4 800 mètres, où nous voulons nous installer. Le parcours sur le glacier empierré et la remontée de raides moraines les terrorisent, comme elle pouvait terroriser autrefois nos aïeux. Comment ne pas les comprendre, surtout qu'ils sont plutôt équipés pour la jungle tropicale ! Nima, notre *sirdār*, embarrassé, a dû bricoler avec six porteurs et mettre la main à la pâte. Bilan : cinq jours, toutes les charges mélangées, un beau fouillis à débrouiller là-haut. Nous, nous restons sagement en bas pour ne pas compliquer les choses. Farniente ? Que non ! Nous avons à tester le standard C et le système Fujix qui nous permettront d'envoyer messages et photos numérisés.

La marche d'approche qui mène au pied de l'Annapūrnā traverse parfois des zones glaciaires entrecoupées de gigantesques crevasses.

Et puis, il y a les rumeurs. Les rumeurs, ça occupe. Elles ont l'air portées par le vent et sont un peu comme les odeurs, à la fois précises et trompeuses. Deux jours avant d'arriver, nous avons les oreilles grandes ouvertes : nous savons depuis Kātmāndū qu'une expédition coréenne nous a précédés dans la face sud de l'Annapūrṇā, pour tenter la voie ouverte par l'équipe de Chris Bonington en 1975. On nous a dit de nous méfier, qu'il y avait toujours des histoires avec les Coréens, qu'ils se comportaient comme si la montagne leur appartenait. Nous avons échafaudé des tactiques pour rester en bons termes. Faudra-t-il poser nos propres cordes parallèlement aux leurs dans la partie inférieure, là où nos itinéraires sont communs ? Auront-ils emprunté l'arête aux champignons ou le couloir que nous comptons prendre ? Et surtout : quand comptent-ils partir ? Ce qui résoudrait tous nos problèmes...

A deux jours du sanctuaire de l'Annapūrṇā, nous apprenons qu'ils auraient réussi le sommet. Bonne nouvelle pour nous, bien qu'un peu étonnante. C'est une expédition lourde, treize membres avec huit sherpas. Ils sont arrivés le 10 septembre. Comment auraient-ils réussi le 5 octobre ? Nous sommes méfiants, les moraines et les marches d'approche sont parcourues de bruits qui ne se vérifient pas. Une heure plus tard, nous découvrons qu'ils n'ont fait seulement qu'une tentative. Le lendemain, « deux Coréens et deux sherpas ont atteint le sommet », notre source est catégorique. Arrivés à notre camp de base inférieur, on nous dit qu'ils ont installé leur camp IV vers 7 200 mètres, que ce camp a été balayé et qu'ils ont dû creuser une grotte de glace, que les sherpas renâclent, qu'ils vont tenter le sommet demain (depuis 7 200 mètres ? Avec toutes ces difficultés au-dessus d'eux ?), et que, s'ils ne réussissent pas dans les cinq jours, ils repartent. Les nouvelles ne manquent pas, mais comme elles arrivent mystérieusement après une longue chaîne de bouches et d'oreilles, nous ne pouvons en croire aucune pour l'instant. Aux jumelles, nous n'avons rien vu.

Et pourtant, le 11 octobre, trois sherpas et un Coréen atteignent le sommet. Pétards et exclamations nocturnes chez nos voisins. Nous, nous avons hâte qu'ils s'en aillent : trop de monde ici, et le site est très sale. Vingt personnes qui n'ont construit ni poubelle ni W.-C. en un mois... Ça tourne à la catastrophe !

Vu du dessus, le camp de base laisse présager la taille de l'expédition : deux grimpeurs seulement.

Le 12, ils partent enfin et nous avons vraiment l'impression de nous installer. Ils quittent un camp en abandonnant un tas d'ordures impressionnant et nauséabond. Nima négocie avec eux afin qu'ils nous laissent du kérosène pour pouvoir brûler ensemble leurs ordures et les nôtres. Le vide créé par le démontage de leurs tentes laisse voir de multiples petits déchets quotidiens : durant leurs dernières heures ici, ils enfilent des gants blancs et délicatement — avec des baguettes ! — mettent tout ça en sac ! Quant aux diverses odeurs qui traînent, il faudra plusieurs jours avant qu'elles ne disparaissent ! Pendant ce temps, Nima et Sonam auront construit des W.-C. et un petit enclos pour nos poubelles !

Ce 12 octobre, il nous faut déplacer toutes nos tentes, car, les jours précédents, nous nous étions « posés » provisoirement. Il faudra aussi célébrer la *puja*, cette cérémonie sherpa sans laquelle une expédition ne peut commencer.

Semaine fertile. Nous vivons les conditions de la montagne : elle est toujours incroyablement sèche ! Entre 5 400 et 6 000 mètres, nous nous attendions à remonter un couloir de neige plus ou moins débonnaire ; en fait, c'est un tas de cailloux, raide et délicat. Il faut regarder où mettre les pieds et où vont voler les pierres qui, de temps à autre, se détachent toutes seules au-dessus de nos têtes. Entre 6 000 et 6 600 mètres, nous espérions emprunter un autre couloir, tout en sachant que les séracs qui le barrent pourraient être trop dangereux cette année. De fait, le sérac sommital forme une espèce de bec qui s'avance au moins sur une vingtaine de mètres. Plusieurs dizaines de tonnes de glace suspendues, c'est trop pour nos petites têtes ! Nous devons passer ailleurs, sur une sorte d'éperon plus sûr mais très raide, en rocher.

Aucune expédition n'échappe aux drapeaux de prières installés par les sherpas sur le camp de base.

Le succès des Coréens, lui, nous fait revoir nos plans. Leur expédition lourde a fixé des cordes dans toutes les sections difficiles de la voie Bonington. Un travail énorme, que nous admirons ! Dans la partie inférieure, c'est une aubaine pour nous. Les difficultés n'y sont pas très grandes, mais ces cordes nous font gagner beaucoup de temps. Nous avons pu, le 13, installer notre camp I à 6 000 mètres. De là, notre itinéraire et le leur bifurquent : nous arrivons sur le grand glacier suspendu d'où, en tirant à droite, nous rejoindrons la base du pilier. Aujourd'hui s'offre à nous un choix que nous n'avions pas du tout prévu : celui de remonter la voie Bonington, peut-être jusqu'au sommet. C'est l'équipement coréen qui nous le permet. Pour nous, l'intérêt est de reconnaître un itinéraire possible de descente. Nous avions songé à descendre par là, avant de partir, mais, renseignements pris, trouver la voie à la descente semblait aléatoire. Nous en avions conclu qu'il fallait descendre le pilier en partie en rappel, en partie sur des cordes que nous aurions fixées. Maintenant que nous sommes ici, la situation est différente : reconnaître une voie de descente, l'avoir parcourue une fois, c'est une grande sécurité, et cela peut nous permettre d'envisager une tactique plus « osée » sur le pilier.

Pourtant, nous émettons certaines réticences. Si nous atteignons le sommet par cette voie, aurons-nous encore assez d'énergie et de motivation pour tenter le pilier et ouvrir notre voie ensuite ? Et puis, classiquement, le but d'une expédition c'est le sommet, alors personne ne va rien y comprendre ! Mais les côtés positifs l'emportent : la sécurité pour notre descente, la possibilité d'une incursion en haute altitude dans de bonnes conditions, une meilleure connaissance de la qualité du rocher sur le pilier (la Bonington traverse la même strate en une zone moins raide)... sans compter, nous l'espérons, le plaisir d'une première visite au sommet !

Vers le sommet

Mer calme, bleus de l'eau et de l'air. Sable fin, uniformément blanc. Quelques nuances dans le jaune. Sur le sable, des cailloux bien seuls et bien peu nombreux. On ne voit qu'eux et on ne parvient plus à voir autre chose qu'eux. Ils deviennent obsessionnels, inquiétants, presque menaçants.

Nous nous trouvons à 7 400 mètres, au camp III, sous la petite tente de paroi, le corps et les pensées anesthésiés par l'altitude. Ce matin du 25 octobre, le sac de couchage se fait trop chaud, trop douillet. Il va falloir s'en extraire, enfiler la combinaison de duvet, les chaussons en alvéolite, les coques plastique et sortir. Dès qu'on met un pied hors de la tente, nous devons nous assurer : nous sommes perchés sur un nid d'aigle en pleine paroi. D'abord, boire. Faire fondre la glace, interminablement. La paroi intérieure de la tente est recouverte d'une couche de givre qui tombe en flocons dès qu'on l'effleure. On pourrait presque nous prendre pour les personnages miniatures des boules de verre que l'on agite afin de faire tomber la neige...

Nous venons de prendre une décision : descendre. Il faut le faire maintenant car attendre ici est devenu dangereux. Nous nous sentons atteints par l'altitude, fatigués, las. Il est difficile de bouger. Peu à peu la narcose nous envahit ...

Et ce brouillard, cette masse uniforme qui endort et alourdit, on dit même que certains ne s'en sont jamais réveillés. On se parle, par vagues. « Quel monde de brutes, quand même ! » Tant d'inconfort. Une espèce de souffrance sournoise, la neige qui survient tous les jours en fin de matinée, le manque d'appétit, le sommeil qui n'est même plus réparateur, le froid de l'hiver qui s'avance. Le moindre de nos gestes quotidiens est de plus en plus laborieux et de plus en plus pénible. Tout est vain, irréel.

On rêve de plaisirs simples, d'un petit déjeuner passé à la terrasse du Centre Ville à regarder les passants de la rue Montorgueil et à écouter « Dix Balles », le maraîcher d'en face, qui brade ses légumes.

Tiens, puisque nous descendons, pourquoi ne pas prendre le temps de faire quelques photos numériques que nous enverrons à Fuji grâce au système magique que nous avons au camp de base ? Donnons au moins aux autres le plaisir de participer et de rêver sur les images...

Catherine Destivelle sous la tente du camp de base avancé (ci-contre). L'emplacement d'un camp d'altitude doit toujours être choisi avec soin afin d'éviter les avalanches et permettre de résister en cas de tempête (page de droite).

Et puis, Mingma, où est-il ? Lui et son frère nous avaient été présentés quand nous cherchions deux sherpas pour nous aider à porter notre équipement jusqu'au pied du pilier. Nous leur avions parlé d'un couloir de neige. En réalité, le terrain s'est avéré rocheux. Or, ils n'ont pas l'habitude de la roche. Ils en ont eu peur et nous ont terrorisé par leur imprudence, bien que, dans l'effort, ils soient très habiles de leur corps. Ils se donnent sans compter et se comportent avec un tel charme... Face au danger, ils se risquent sans réfléchir, malgré la

peur. « On y va et quand ça ne va plus, on avise... » telle est leur devise. Et c'est affolant. Nous ne voulons pas d'accident dans notre expédition. Nima a vite déclaré forfait. Mingma s'est laissé tenter par notre proposition de parcourir la voie coréenne jusqu'au sommet, mais pourtant, hier, au-delà des cordes fixes, il ne s'est plus senti chez lui, et la peur l'a abattu. Comme nous faisions demi-tour vers 7 700 mètres, lui a continué plus bas. Nous restions au camp III dans l'idée de tenter le sommet à nouveau.

Mais nous descendons. Finalement, Mingma est arrivé sain et sauf au camp de base. C'était comme s'il avait traversé un champ de mines avant d'y parvenir. C'est ce qu'il nous a raconté plus tard, imperturbable et sans sourciller. Il a commis imprudence sur imprudence, défiant en permanence notre souci de sécurité. Nous ne voulons plus le savoir confronté à de tels risques et décidons de nous passer de lui pour la suite des événements.

La suite ? Aller au sommet serait un grand moment. Cet itinéraire coréen, à gauche de la Bonington, est très beau, et déjà bien difficile...

L'hiver arrive à grands pas et les degrés s'en vont. Vingt-cinq en dessous de zéro en plein soleil. Au bout d'un moment, ça finit par user. Nous avions toujours dit que si les séracs menaçaient l'approche du pilier, nous resterions bien sagement à le regarder. Et, c'est le cas aujourd'hui, alors on passe ailleurs. Mais cette nouvelle approche est plus longue et plus délicate. Sans bouger, le pilier s'éloigne de nous. Nous savons mesurer le risque et il ne nous intéresse pas par lui-même. Alors, comme dit le proverbe, « un tiens vaut mieux que deux tu l'auras » ...

Déception et réussite

Depuis notre descente du 26 octobre, le temps qui passe est comme mort, sans référence à nos habitudes, à la vie de tous les jours. Nous avions prévu quelques jours de repos (cinq ou six) pour remonter ensuite sans inquiétude particulière, car cette saison est habituellement belle. Nous envisagions de repartir dès le 30 et, depuis ce jour, le temps s'est figé dans une attente où nous sommes ballottés quotidiennement d'enthousiasme, le matin, en déprime, l'après-midi.

La progression d'un camp à l'autre se fait souvent sur cordes fixes avec des poignées autoblocantes, ce qui permet d'aller plus vite et d'être plus en sécurité en cas de mauvais temps.

Sept jours se passent ainsi. Le 9 novembre, le vent tourne à l'est et le moral remonte en flèche. Il faut y aller. Enthousiastes, nous montons au camp I dès le lendemain, mais la neige de midi est au rendez-vous. Nous décidons de ne pas bouger le 11 pour observer les conditions, les avalanches. Neige pour le restant de la journée, mais pourtant la face nous semble fréquentable, pas trop dangereuse. Le 12, à 4 heures du matin, nous sommes dans les starting-blocks. Mais les grondements de grosses avalanches recommencent. Nous nous obligeons à dîner le soir. Pourtant, le lendemain matin, juste avant de descendre, chacun de nous deux pense intérieurement qu'il existe encore une chance, qu'il faut prévoir de remonter. Alors, tout à coup, le premier qui se met à parler soulage l'autre : nous avions la même idée ! Telles des mouches qui s'acharnent à se jeter sur la vitre, cherchant la lumière...

Derniers jours. Nous avons envoyé Dan Bahadour trouver les porteurs. Il en a pour cinq jours. Nous ne voulons plus nous laisser secouer par la couleur du ciel, mais nous restons prêts à monter encore si le soleil s'installe. Nous avons quitté l'attente. Du coup, nous pouvons prendre un tout petit peu de recul. Laisser remonter les souvenirs. Nous parlons de ces moments passés sur l'Annapūrnā, où chacun a eu peur pour l'autre à cause d'une coulée, d'une chute de pierres, ou d'un piton qui a lâché. Nous avions des levers de soleil merveilleux et des bourrasques affolantes.

Nous parlons de ce risque, un sujet que l'on garde généralement pour soi, comme un tabou. Nous avons en commun la certitude que l'unique échec en montagne demeure l'accident, et nous sommes heureux, dans le fond, d'être saufs même sans sommet. Entre la réussite — le sommet — et l'échec — l'accident —, il existe un vaste *no man's land* où l'expérience reste positive, pour nous et pour ceux qui nous ont fait confiance et qui ont suivi notre histoire dans ces montagnes. A nos sponsors, Whirlpool, Poivre Blanc, Neutrogena, Lafuma, etc., nous devons aussi de revenir saufs, entiers, sans gelures.

L'aventure en montagne ne saurait être aveugle et aucun sommet ne vaut que l'on s'y perde. Nous gardons le souvenir de Pierre Béghin, notre ami disparu en 1992 dans cette même face.

Nous étions deux pour un projet à deux faces, nous revenons à deux avec deux expériences : celle d'une déception et celle d'une réussite...

Catherine Destivelle dans des pentes neigeuses et raides : sac bien chargé, piolet, crampons et casque... Tout le harnachement nécessaire et indispensable à un alpiniste en haute altitude.

Vertigineuses sont les pentes rencontrées par les deux alpinistes lors de la tentative jusqu'à 7 700 mètres d'altitude. Une fois de plus, l'immensité de l'échelle himalayenne se fait enivrante.

LE MATÉRIEL : SIMPLICITÉ PERFORMANTE

Impitoyable Himâlaya : à plus de 6 000 mètres d'altitude, des conditions de fortes chaleurs peuvent exister. La marche est difficile, le soleil brûle la peau, foulard sur la tête et tee-shirt sont de mise. A toutes les altitudes, le rayonnement solaire est extrêmement intense, une protection permanente est indispensable contre les risques d'insolation, d'ophtalmie, de brûlures. Si, quelques minutes plus tard, le soleil tourne une crête, ou si le vent se lève, la chute de température est vertigineuse, il gèle à nouveau et la haute montagne glacée oblige à mettre gants, bonnet et combinaison. Des différences de température de trente-cinq degrés Celsius en un quart d'heure sont fréquentes. Souvent, on nous parle du froid, en voulant savoir quelles températures nous rencontrons. Bien sûr, le froid est difficile à supporter, c'est un risque majeur en altitude, d'autant que l'organisme affaibli n'a plus toutes ses défenses et n'est pas bien hydraté. Ce que l'on ignore dans les Alpes, ce sont ces contrastes de températures extrêmes et violents, face auxquels on doit réagir dans l'instant. Enfiler un ensemble coupe-vent, avoir toujours à sa disposition le vêtement qui convient en superposant des couches.

Plus haut, les froids sont intenses, bien sûr, mais le véritable ennemi, c'est surtout le vent : il transit, secoue, soûle et épuise. Sur le pilier du Makālū, on aurait cru le bruit d'une masse solide frappant la paroi, et des morceaux de neige se détachaient de l'arête pour voler au-dessus de nos têtes. Avec le vent, le froid éprouvé par le corps se fait plus intense. On se protège avec une combinaison, des gants, des cagoules, mais il faut également penser aux yeux, aux joues, au nez...

Les extrémités sont particulièrement sensibles. Lorsque l'organisme est agressé par le froid, il les délaisse en premier pour préserver, en priorité, les parties vitales. Gants, chaussures, chaussettes doivent protéger du froid, du vent, ne pas trop retenir l'humidité, être faciles à sécher. Mais les pieds et les mains sont d'autant plus heureux que le corps a chaud, c'est au moins aussi important.

Porter un sac n'est jamais enthousiasmant, et avec l'altitude, chaque gramme supplémentaire compte. Quinze kilos sur le dos entre 7 000 et 8 000 mètres, c'est une charge pour un sherpa qui en porterait facilement trente à 4 000 mètres. Contre le poids on cherche les matières les plus légères, on cherche aussi à éliminer tout ce qui n'est pas nécessaire. Il nous faut parfois faire faire des prototypes, car ce sont souvent les gadgets qui font vendre.

Avec l'altitude, les gestes sont plus lents, plus maladroits. Nous y pensons lorsque nous choisissons notre équipement. Tout doit être simple à manipuler et très fiable, car la trousse de réparation est réduite au minimum. Pas question de tentes au montage sophistiqué, même si elles sont théoriquement ingénieuses, pas question de se bagarrer pour lacer les chaussures sous les surbottes. Le Velcro est tout aussi conseillé mais son abus est tout autant prohibé : ce système irremplaçable devient diabolique quand il est partout, on n'arrête pas de s'accrocher dans tous les sens !

Légèreté, performance, simplicité d'utilisation, fiabilité, telles sont les règles d'or d'un alpiniste consciencieux.

Il est bien rare qu'un fabricant soit le meilleur sur l'ensemble de sa gamme de produits. Nous devons chercher ici et là ce qui se fait de mieux. Pour ne rien oublier, rien de tel qu'un bon inventaire et une liste exhaustive.

Érik Decamp devant le matériel Fuji qui permet de transmettre des images numériques par satellite. C'est la première fois qu'une telle expérience est tentée en région montagneuse.

Catherine Destivelle en tête de cordée dans une pente de neige. Pour assurer sa protection, elle plante des broches à glace grâce auxquelles elle peut pallier à une chute éventuelle.

Whirlpool
Neutrogena

MATÉRIEL (suite)

Chaussures : les coques en plastique ont supplanté le cuir depuis plus de quinze ans, grâce à leur étanchéité absolue et au peu d'usure. Elles ne nécessitent aucun entretien. Le cuir a toujours ses lettres de noblesse, et on peut regretter son confort. Même avec un film en Gore Tex, on ne peut pas prétendre avoir l'étanchéité du plastique et l'évacuation de la condensation : pour l'évacuer il faudrait une surface beaucoup plus grande que celle d'une chaussure. A notre avis, un film en Gore Tex dans une chaussure en cuir n'a aucun intérêt.

Pour affronter le froid, tout en ayant des chaussures techniques, seules les chaussures à coques plastiques avec des chaussons en alvéolite, malgré les problèmes de condensation, sont valables. L'alvéolite est une mousse synthétique à cellules fermées, qui procure la meilleure isolation possible et ne se mouille pas. Nous n'avons pas encore trouvé la chaussure idéale, celle qui aurait une coque en plastique suffisamment souple et adhérent, le chausson intérieur le plus chaud du marché et les semelles très isolantes, le tout très près du pied pour être le plus précis possible... sans condensation et sans point de compression qui coupe la circulation !

On peut être sûr de se retrouver chaque soir avec l'intérieur des chaussures humide, voire entièrement mouillé. Il faut absolument prendre la précaution de tout sécher. Dès que l'on s'installe, on retire ses chaussures, on essuie les coques plastiques et l'intérieur des chaussons en alvéolite. Pour éviter de mettre le lendemain des chaussures gelées que les pieds auront du mal à réchauffer, on les place au chaud : les chaussons dans le sac de couchage, les coques sous la tente. Lorsqu'on doit enfiler les coques, on se rend compte de l'avantage d'avoir choisi un plastique souple !

Pour l'altitude, comme pour les hivernales, on choisit une pointure au-dessus de la taille habituelle, car l'alvéolite gonfle et le pied aussi. Or, la première protection contre le froid, c'est de ne pas avoir les pieds comprimés.

Chaussettes : fini la chaussette de laine ou de coton. Les fibres synthétiques remplacent les matières naturelles. Le corps transpire, il a besoin d'être isolé. Porté à même la peau, le coton absorbe l'humidité due à la transpiration et la garde, alors que les fibres creuses, inventées par les chimistes (Coolmax, Thermax...), ont la particularité d'évacuer l'humidité vers l'extérieur par capillarité. L'évaporation ou les mouvements de convection dans l'atmosphère se chargent du reste. Le problème des chaussettes, c'est qu'elles sont prisonnières dans les chaussures. Le cuir respire naturellement. Mais avec le plastique l'étanchéité est absolue et l'humidité ne peut pas s'en aller. Néanmoins, même si la transpiration mouille la surface extérieure de la chaussette, le pied reste au sec, ce qui est déjà beaucoup. Si la chaussure peut faire office de cheminée au niveau de la cheville, un minimum d'évacuation peut se produire par convection. Le pire, étant de fermer le haut de la chaussure, comme on le fait souvent, avec les guêtres.

Faut-il que les chaussettes montent haut ? Selon nous, cela n'a aucun intérêt, car on a déjà beaucoup de matières chaudes sur les mollets : collant, combinaison, guêtres... S'il est si difficile de trouver des chaussettes de la meilleure qualité qui ne montent pas jusqu'en haut des mollets, c'est sans doute parce que les acheteurs n'aiment pas les voir tire-bouchonner. Or, le tire-bouchon ne nuit pas au confort, au contraire. Au diable les élastiques qui serrent ! Le tire-

Les chaussures les plus performantes sont des coques en plastique doublées de chaussons en alvéolite. Elles permettent d'affronter et de supporter le froid sans trop de problème.

bouchon est, de surcroît, un bon matelas d'air isolant. Les meilleures chaussettes sont les chaussettes neuves. On en garde toujours une paire pour le moment décisif. Sa fibre n'a pas été tassée par l'usage. Sans compter que, là-bas, on ne peut pas les laver très efficacement.

Surbottes, semelles : le froid intense émane du sol. Il faut prévoir des semelles intérieures, isolantes, et des surbottes pour que la protection soit vraiment efficace. L'important dans les surbottes, c'est la semelle. Inutile qu'elles montent au-dessus des chevilles. Il n'en existe pas vraiment de très au point sur le marché, les mieux sont encore les surbottes en Néoprène, que l'on arrive à trouver en fouillant dans les échoppes de Kātmāndū, et que l'on adapte. L'important est qu'elles puissent s'enfiler facilement, que l'on puisse délacer et relacer les chaussures sans les retirer, et que l'on puisse mettre les crampons à attache rapide. Il faut vérifier l'épaisseur du Néoprène, la taille de la surbotte doit être ajustée à la chaussure, et la fermeture à glissière doit descendre assez loin sur l'avant de la chaussure.

Semelles : Gaby.

Isolant : le meilleur isolant, c'est encore l'air. Les alpinistes l'ont compris depuis longtemps. Pour avoir un bon matelas d'air, on multiplie les couches, comme un oignon, ce qui permet de s'adapter aux différents froids. On utilise comme joker le vêtement de duvet vif, qui retient un épais matelas d'air.

Sous-vêtements : comme pour les chaussettes, les fibres creuses s'imposent, mais l'évaporation extérieure est beaucoup moins entravée. Pour que le sous-vêtement soit encore plus moulant, nous préférons utiliser un mélange avec une fibre élastique, du style Lycra ou élasthanne. Le vêtement absorbe d'autant mieux la transpiration qu'il colle parfaitement à la peau, et il se trouve plus facilement à la température du corps. De plus, c'est confortable et les mouvements s'en trouvent facilités.

Fourrures polaires : le meilleur fabricant actuel est Malden avec le Polartec. Polartec est chaud, élastique et permet de couper des vêtements assez jolis. Nous n'utilisons pas les procédés coupe-vent (Windstopper et autres), car la fourrure polaire nous sert de couche intérieure. De toute façon, le principe qui consiste à avoir une couche de polaire au-dessus d'une couche coupe-vent est un peu aberrant, car on perd réellement une partie du bénéfice de la fourrure et on n'a, en aucun cas, deux vêtements en un !

Ces vestes, dans lesquelles s'emmitouflent Catherine et Érik, sont garnies de 200 grammes de duvet vif et elles suffisent à lutter contre le froid rencontré avant la très haute altitude.

Pour faire face à tous les froids, nous utilisons des ensembles pantalon et veste de différentes épaisseurs, que nous combinons : Polartec 100, 200 et 300. Pour la coupe, les fabricants américains ont tendance à privilégier le fonctionnel et le confort à l'esthétique, alors qu'un fabricant français se souciera de détails inutiles pour faciliter la vente du produit. Un vêtement près du corps, qui tombe comme une liquette, et que l'on peut enfiler dans le pantalon est plus efficace qu'un serrage par un élastique ou un cordon. Nous cherchons les détails utiles : un col qui remonte suffisamment haut, une ou des poches de poitrine qui ferment, les poignets avec des élastiques simples, un vêtement qui couvre bien le bas du dos.

Couche extérieure : aujourd'hui, on met son « Goretex ». Gore Tex est un nom générique. Il recouvre ce qui est étanche à l'humidité, au vent et qui respire. Le Goretex est une membrane en Téflon, ce que l'on fait de mieux pour l'étanchéité et pour couper le vent. S'il est unique pour des pluies torrentielles, il ne s'impose pas forcément pour des pluies modérées. Le Goretex respire, malheureusement moins que ce que le corps a besoin d'évacuer et, si la paroi intérieure est couverte de condensation, c'est fini. Ne parlons même pas de ce qui se passe quand le givre tapisse l'intérieur d'un vêtement ou d'une tente. Rien n'est venu supplanter techniquement le Goretex. Celui-ci est donc imbattable. Malheureusement, en très haute altitude c'est la neige qui tombe. Un traitement déperlant peut suffire largement. Parfois même, quand une petite neige ou une petite pluie tombe, il est préférable de garder sa fourrure polaire, qui respire beaucoup mieux. Elle se mouillera légèrement en surface, mais cette humidité disparaît vite.

Actuellement tout fabricant croit suicidaire de se dispenser du label Gore Tex, qui est un fort argument commer-

MATÉRIEL (suite)

cial. Lafuma n'y échappe pas, mais nous a fabriqué un prototype dans une fibre traitée d'une manière dont le secret ne nous a pas été révélé...
Sa coupe a été conçue pour avoir légèreté et liberté de mouvement. La veste comporte des emmanchures près du corps, deux poches de poitrine accessibles de l'extérieur, une accessible de l'intérieur, un col qui remonte haut doublé en Polartec pour le contact du cou. Ce col peut se fermer à l'aide d'un élastique à l'arrière. Une capuche amovible s'adapte aux mouvements de la tête et au port du casque. Pas de poches basses, car elles sont inutilisables avec un baudrier. Les genoux du pantalon sont préformés et renforcés en Cordura. Les guêtres sont incorporées au pantalon, on peut les remplacer. Elles sont rattachées au pantalon par un tissu élastique qui permet le mouvement. Une braguette descend très bas. Des bretelles ou une ceinture assez solide peuvent servir pour une auto-assurance, par exemple au bivouac. Les bretelles, elles, sont rattachées au pantalon par un tissu élastique, facilitant ainsi la liberté de mouvement. Une petite poche est plaquée à la ceinture. Des renforts existent aux fesses. Évidemment, ce pantalon s'ouvre complètement pour que l'on puisse l'enfiler dans n'importe quelle situation.

Vêtements de duvet : c'est le joker, confort et chaleur. Nous utilisons une veste garnie de deux cents grammes de duvet vif et un gilet de duvet. Ils suffisent largement aux besoins que l'on a avant d'aborder la très haute altitude. Pour grimper en étant bien protégé des froids que nous rencontrons aux environs des 7 500 ou 8 000 mètres, nous utilisons la combinaison de duvet fabriquée par Valandré, qui offre pour tous les duvets la meilleure qualité du marché. Cette combinaison, qui donne des airs de bonhomme Michelin, permet de bouger sans aucune gêne, et on voit mal comment on pourrait faire plus chaud.

Bonnet, lunettes, crèmes... : chaleur, confort, avoir les oreilles couvertes, sans trop d'épaisseur pour ne pas être gêné sous le casque. Nous choisissons des bonnets en fleece à oreilles de cocker ! Le casque, lui, est aux normes UIAA bien sûr, mais le plus léger possible et, surtout, il doit permettre de bien bouger la tête. Il n'y a rien de plus horripilant que d'avoir le casque sur les yeux dès qu'on lève la tête. Le soleil et le froid menacent également les yeux : une ophtalmie peut être dramatique, et la cornée peut geler. Notre choix, après de nombreux essais : Pouilloux (lunettes de glacier, masque jaune et transparent). La nuit ou au petit matin, on ne chausse pas de lunettes colorées, mais on peut porter un masque transparent qui protège du froid. Du soleil ou du froid, on ne sait pas toujours lequel des deux est le pire ennemi. L'écran total, en tube plastique (les tubes métalliques se percent !) ne quitte jamais notre poche, ainsi que le baume pour les lèvres, écran total. La nuit, la Biafine en tartine vient à la rescousse. On s'étonne qu'il existe encore des médicaments aussi efficaces et aussi peu chers sur le marché pharmaceutique ! Le masque en Néoprène est réservé aux très grands froids. Il protège du vent et permet de respirer un air moins froid.

Catherine Destivelle est en train de trier le matériel d'escalade nécessaire à ce type d'expédition : mousquetons, pitons, broches à glace, friends, sangles...

Gants : il nous faut trois sortes de gants. Des gants plutôt fins, chauds et solides qui permettent de grimper, de faire toutes les manœuvres de corde, de lacer des chaussures, de monter une tente, etc. Une seconde peau, en somme. Ils sont en vente chez Reusch, design Catherine Destivelle. Ils ont fait leurs preuves dans les Jorasses, le Cervin et au Makālū. Des gants plus chauds, étanches. On doit pouvoir en sécher la doublure intérieure. Les nôtres sont en deux pièces, le gant extérieur de protection et le gant intérieur en fleece. L'atout : des moufles. Une enveloppe étanche avec, à l'intérieur, une moufle en fleece.
Dans la poche du sac, les chaufferettes. Ces petits sacs plastiques dégagent, une fois ouverts, une chaleur intense pendant plusieurs heures. C'est souvent un confort (avant de s'endormir...) et cela permet d'enrayer parfois un risque de gelure.

Petit matériel : *Gourde.* En aluminium, fermée par un bouchon vissé et protégée par une gaine isolante amovible (type SIGG). C'est le meilleur compromis entre la gourde, toute simple, et le Thermos.

Couteau. Le plus petit modèle de couteau suisse, avec une attache élastique qu'on peut mettre autour du poignet, suffit amplement pour tout faire.
Frontale. Le modèle où la poche de la pile est dans le vêtement, pile lithium, ampoules classiques.
Pelle. Sans elle, pas de bivouac ! Stubaï a inventé un système très astucieux pour fixer la pelle sur le marteau-piolet.

Bivouac : tout doit être simple et pratique. Pour la tente, nous avons choisi un modèle simple mais extrêmement bien étudié, fabriqué par Lafuma sous licence de la marque américaine Bibler. Une seule toile encollée à une couche respirante, deux arceaux. La tente est auto-porteuse et se monte en deux minutes. Elle est assez haute pour qu'on puisse s'asseoir dedans, elle est

Une tente d'altitude se doit d'être simple mais maniable et bien étudiée. Celle de Catherine Destivelle et Érik Decamp se monte en deux minutes et ne pèse que 1,8 kilo.

Bâtons de ski. Télescopiques, ils facilitent la marche, l'équilibre, et soulagent les genoux dans la descente. Le système Stubaï permet de mettre une lame de piolet au niveau de la poignée, et d'y fixer l'appareil photo. Astucieux...
*Altimètre.*Les altimètres électroniques ont des piles, c'est leur talon d'Achille. Nous prenons un bon vieux Thommen 8 000 mètres des familles.
Montre, réveil. Il y a les gens du matin et les gens du soir. Nous, nous serions plutôt du soir. Nous ne pouvons pas nous passer de réveil.

bien ventilée, et pèse 1,8 kg. Nous y avons ajouté des points de fixation, pour pouvoir nous assurer dans la tente sans faire passer une corde par la porte.
Matelas. Nous choisissons les matelas auto gonflants, type Thermarest. Il est utile d'avoir un petit tube de colle, pour les Rustine... Humide, le Thermarest s'essuie facilement.
Sacs de couchage. Le duvet vif, de Valandré. C'est le meilleur rapport poids-chaleur. Nous le prenons spacieux, pour la chaleur et le confort.
Réchaud et gamelles. Nous restons très classiques, brûleur de bleuet, ensemble Stormy de Markill, cartouches butane-propane, deux briquets, deux gobelets en plastique, deux cuillères. Le Stormy est normalement suspendu par des chaînes, nous préférons les remplacer par du câble de vélo, plus léger.

Sacs à dos : quelle bagarre pour enlever les gadgets ! Pour nous le plus simple est le mieux. Mais le simple ne se vend pas bien. La contenance : cinquante à soixante litres, voire soixante-dix litres pour les gros portages.
Pas de ficelles partout, une poche de dessus, amovible, qui ne repousse pas la tête quand le sac est très haut, et que l'on peut détacher pour n'avoir que l'indispensable, sous la tente en particulier. Évidemment, il doit très bien « porter » et nous le prenons dans un tissu léger.

Équipement : *Baudriers.* Cuissard léger avec des sangles porte-matériel.
Cordes. Pour le Xixabangma, deux brins de cinquante mètres en sept millimètres. Pour grimper en rocher à l'Annapūrnā, deux brins de cinquante mètres en huit millimètres deux.
Pour fixer, de la corde en dyneema en sept millimètres. Le dyneema, c'est deux tonnes en statique, et une légèreté incroyable...
L'équipement d'escalade est classique, et le plus léger possible : mousquetons, mousquetons de sécurité à baïonnette pour fixer, pitons (une partie en titane), broches (quelques-unes en titane), coinceurs, friends, sangles, piolets techniques légers, crampons en titane.
Pour la sécurité, nous choisissons des crampons avec attaches rapides à l'arrière, et des sangles classiques à l'avant. Aucun risque qu'ils s'en aillent, surtout avec les surbottes en Néoprène !

Promenade vespérale de deux alpinistes en attente d'un temps meilleur. Ces moments d'expectative sont toujours très éprouvants pour le moral.

La face sud de l'Annapūrnā offre bien des difficultés techniques, parfois imprévisibles, qui continuent à faire rêver les alpinistes les plus chevronnés.

« Nous ressentions la beauté solitaire du soir, le silence assourdissant du vent, la ténuité de nos liens avec le monde d'en bas ; un soupçon de peur aussi, non pas de la mort, mais de l'immense inconnu qui pesait sur nous. »
Thomas Hornbein,
Everest 1963.

BIBLIOGRAPHIE

Germain (Bernard), *Annapūrnā 1er 8 000 à ski*, Fernand Nathan, 1980.

Harrer (Heinrich), *Sept ans d'aventures au Tibet*, Arthaud, 1960 ; *Retour au Tibet*, Arthaud, 1985.

Herzog (Maurice), *Annapūrnā 1er 8 000*, Arthaud, 1951.

Messner (Reinhold), *Maître des cimes*, coll. La Nouvelle Odyssée, Arthaud, 1994.

Scott (Doug), *Face à l'Himālaya*, Arthaud, 1992.

Unsworth (Walt), *L'Everest*, Denoël, 1985.

REMERCIEMENTS

Whirlpool, Constructa, Fujicolor, Lafuma, Météo France, Neutrogena, Poivre Blanc, Vieux Campeur ; et Béal, Boréal, Cassin, Charlet Moser, Corys, Petzl, Reush, Rywan, Thai Airlines, Valandré, Vuarnet.

CRÉDITS PHOTOGRAPHIQUES

Beth Wald : p. 64, 66, 67.

Sylvie Chappaz : p. 68, 69.

Collection Bonington : p. 54B, 55.

Érik Decamp : p. 1, 57, 74, 76, 77, 83, 86, 88, 90, 91, 92, 93, 94, 98, 99, 100, 101, 103, 105, 106, 107, 109, 114, 115, 116, 117.

Kurt Diemberger : p. 50.

F. Marsigny : p. 84, 87.

Krystina Palmowska : p. 54A.

René Robert : p. 58, 65, 70, 72, 75, 78, 102.

Pascal Tournaire : p. 2, 5, 7, 9, 10, 14, 16, 17, 20, 21, 22, 23, 24, 26, 27, 40, 60, 61, 62, 63, 79, 82, 85, 95, 96, 97, 108, 111, 113, 118, 119, 120, 122, 123, 124, 125, 126, 127, 128, 131, 132, 133, 134, 135, 136, 138, 140.

D.R. : p. 28, 32, 33, 34, 35, 36A, 36B, 38, 39, 44, 45, 47, 48, 49, 51, 52, 53.

TABLE DES MATIÈRES

Photocomposition et flashage : S.C.C.M., Paris
Photogravure : Art'Nord, Aire-sur-La-Lys
Papier : Maine Club brillant 150 g des Papeteries Arjomari-Prioux, Paris
Jaquette et couverture imprimées par Mussot, Paris
Achevé d'imprimer en novembre 1994 sur les presses de Clerc S.A., Saint-Amand-Montrond
Relié dans les ateliers de Brun, Malesherbes
N° d'édition : 0880. N° d'impression : 5769
Dépôt légal : décembre 1994

Imprimé en France